王曉伯 譯

ROS ATKINS

THE ART OF EXPLANATION

愈忙愈要會 表達

How to Communicate
with Clarity and Confidence

羅斯・阿特金斯——著

BBC主播從面試碰壁
到成為表達專家的逆襲本事

讓自己受重用、
點子被採用的解說藝術

獻給莎拉（Sara）、愛麗絲（Alice）和艾絲特（Esther）

佳評如潮

無論是在職場或生活中，懂得表達自己總有優勢。比方說，向主管簡明扼要地解說專案進度、對客戶簡潔有力地解說產品特色與價值、為自己爭取資源和機會時清晰有條理地解說理由和根據。能夠化繁為簡、以簡馭繁地解說複雜的事物，不僅僅是傳達易於理解的訊息，更是藉此展現自己的影響力，讓人覺得值得信賴。

阿特金斯在ＢＢＣ任職超過二十年，包括主持人、記者和分析編輯等角色，解說的能力無庸置疑。他在這本書中，分享多年來在高壓新聞編輯室積累的心得，歸納出做好解說的十個關鍵要素，以清晰、簡潔的方式解說複雜的故事，表達出影響力。讓解說不僅是門技術，更是一種藝術。

——劉奕酉，《看得見的高效思考》作者

讓所有的聆聽者「Know me and Trust me」。

對於正在聆聽的陌生受眾來說，想要他們接受我們的表達，就必須先破解兩個先天的疑惑。那就是「你是誰？」以及「我為什麼要聽你的？」。

身為一位成熟的表達者，必須在上台的一開始，先讓陌生聽眾知道「Who I am」。在表達的一開始，如果聆聽者不認識你，請務必展現「為什麼是我站在這邊？」，例如自己的專業頭銜，以及江湖地位。

接著要滿足「讓你願意聽我的」，就必須表達出接下來的內容會「有感、有用、有趣」，並且讓傾聽者「聽到、聽懂、聽進去、回去會用」。

至於要怎麼做到？不妨仔細看看這本書。如果要先用一句話形容，這是一本「很實用，對於上台表達的完整教戰手冊」。實用的地方在於，如果你想上台面對一群人說話，卻覺得自己沒有太多經驗，最好的辦法是，按照作者在書中所說，一個步驟一個步驟地準備，因為作者將上台的步驟羅列得詳細而完整。如果你已經有經驗，只是希望表達得更好，不妨參考作者的步驟，來調整自己的作法，並且檢視有哪裡不足。

看完這本書，我很驚嘆作者在上台表達過程中的準備，為了讓大家準備完善，作者花了許多篇幅，讓大家可以反覆檢視有沒有哪些缺失。並且在許多章節最後，都增加了檢查清單，幫助大家在閱讀後，可以更清楚地自我檢查。想讓自己的觀念經過表達後，能夠被重用和採用，不妨從閱讀本書開始。

——李河泉，台積電「跨世代溝通」指定講座

觀看羅斯的報導，有如觀賞一位鐘錶匠組裝一支手錶——精準、嫻熟，以及氣定神閒的專業風範。

——《泰晤士報》（*The Times*）

清晰易懂，文筆優美。羅斯是一位了不起的溝通高手，即使是最為複雜的主題，他也能說得透徹明白。

——洛琳．凱利（Lorraine Kelly），ＩＴＶ主持人

這是指引我們了解這個複雜世界的一道明光！羅斯・阿特金斯擁有一個稀有的特質，能夠吸引所有世代的注意；即使是不看電視新聞的青少年，也會在他們的手機上搜尋他的解說影片，跟隨他的指引去了解當天最具爭議的話題。現在他們能夠學習自己來做了。這是每位父母都想用來引導孩子走入現實生活的書。

——莎拉・布朗（Sarah Brown），他們的世界慈善機構（Theirworld Charity）創辦人暨總裁

一部關於如何溝通與解說的指南，高明優秀。本書可以幫助你的主張在世界的資訊海嘯中脫穎而出。這本書適合所有希望人們能夠聽懂與了解他們所說內容的人，無論他們是發表論文、提出說明或者只是寄一封電子郵件。

——傑若米・包溫（Jeremy Bowen），ＢＢＣ新聞部

多好的一份禮物！英國最偉大的溝通大師之一分享他的智慧，幫助我們能夠做出更好的表達。這本書引人入勝、別有趣味，而且（最重要的是）很實用，教導我們如何說明、整理、組織與傳達我們的想法。想要清楚溝通，我們的思路必須清晰，這本書展示了如何做到這兩點。

——泰德・羅傑斯（Todd Rogers），哈佛大學教授

閱讀這本書之後，公開發表談話已不再那麼令人望而生畏。羅斯教導讀者如何在眾人面前清楚表達自己；在說明會上如何維持觀眾的注意；在面試時如何呈現自己，以及如何建立自信。

——《商業旅者月刊》（*Business Traveller Magazine*）

一部傑出的入門書，教導我們如何有效表達觀點。這裡有你對抗錯誤資訊所需要的全部工具。

——艾倫・羅斯布里奇（Alan Rusbridger），《前景雜誌》（*Prospect Magazine*）編輯

清晰詳細……是有關背誦、解說與一系列表達技術的優良建議，幫助我們在口頭與電子媒介上能夠進行最佳溝通。

——《獨立報》（*Independent*）

羅斯・阿特金斯在這本「你用得到的新聞」書中，出色地向你展示如何成為一位優秀的溝通者。本書趣味十足、引人入勝，而且能為讀者帶來變革性的助益。

——拉朱・納里塞蒂（Raju Narisetti），麥肯錫出版公司（McKinsey Publishing）

本書對於任何想說服別人的人都非常實用。它列舉了羅斯記者職涯中許多成功與失敗的案例。我本以為我知道應如何寫作與表達，但是這本書已改變了我溝通的方式。

——薇薇安・席勒（Vivian Schiller），阿斯本研究所（Aspen Institute）

一部教你如何說故事的食譜大全，令你沉浸其中……這裡有許多精彩的軼事……使其從教科書轉變為有如烹飪書一樣，值得經常翻閱，細心保存。

——《愛爾蘭時報》（*Irish Times*）

這是一本精彩絕倫的書，你如果從事的是溝通相關行業，你非讀不可。

——約翰．賀加提爵士（Sir John Hegarty），上奇廣告（Saatchi & Saatchi）及ＢＢＨ創辦人

羅斯．阿特金斯所著的一本有關解說的新書，精彩萬分，與我們分享他身為現代新聞業解說最清晰的分析師的祕訣。

——羅利．史都華（Rory Stewart），作家與「剩下的都是政治」（The Rest is Politics）Podcast的共同主持人

羅斯・阿特金斯將他在報導中的清晰與詳細帶入本書之中，這些也正是他賴以成名與成為ＢＢＣ最受尊重的人物的特質。本書的實用性已遠遠超越媒體界。

——阿拉斯泰爾・坎貝爾（Alastair Campbell），
作家與「剩下的都是政治」（The Rest is Politics）Podcast的共同主持人

我讀過許多有關如何清楚溝通、了解你的聽眾，以及如何傳達訊息的書籍。這一本是最好的。

——伊莎貝爾・畢維克（Isabel Berwick），
作家與《金融時報》Podcast主持人

一本提升你溝通技巧的好書。

——《富比士》雜誌（*Forbes*）

目次

前言

你或許有過這樣的感覺。如果是主持一場說明會，觀眾也許眼神迷離，或者是他們開始掏出手機。如果是寫一篇文章，你會出現一種痛苦的感覺，明明知道這些詞句，但無法確定它們組合在一起意思夠不夠清楚。如果是回覆一封電子郵件，沒有精準回答問題或是答非所問，就會導致更多郵件往返。不論基何種原因，你要傳達的訊息，既沒有切中要點，也沒有得到想要的回饋。

「清楚表達」可以解決這些問題。它無法保證你每次都得到想要的回報，但是清晰且有效地傳達你的想法，你就擁有更好的機會讓別人了解你、達成你期望的目標。

在所有與人的互動中，你都應該以「清楚表達」為原則——無論是日常活動，例如跟孩子老師的簡短面談、寫給同事的電子郵件、跟設計師溝通剪髮；或是一些重要場合，例如面試、口試、演講、產品說明會、與他人進行一場難以啟齒的對話——「清楚表達」皆具有扭轉局面的重要性。你是在移除障礙，讓世界更加理解你。做對了，就能夠大幅改善你的溝通品質。

「清楚表達」是一門藝術。過去三十年來，我一直在思考如何精益求精。尤其是我身為英國廣播公司（ＢＢＣ）的記者與主播，工作就是應付全球事件的複雜性，賦予其具體形象，使其清晰與明確。不僅如此，我很快就了解如果我想落實一個新想法，我必須能夠清楚解說，並且考量如何才能對我想說服的人產生作用。

這兩個目標：清楚解說新聞與我的想法，讓我在過去三十年的大部分時間都在研究清楚表達的技巧，不斷進行測試、檢討、淘汰與擴充。它成為我的熱情所在，我研究得愈深入，就愈了解它的潛能遠超越新聞播報所能應用的範疇。

這門技藝練得純熟，它會成為你溝通表達的基礎，瞄準與精煉你要傳達的訊息，歸納出最有效的表達方式。

近幾年，我尤其深刻體認到「清楚表達」如何在生活的眾多層面發揮作用，不僅讓我成為更優秀的主播（希望大眾會認同），也讓我見識到它的力量與適用性。以下列舉其中一些好處：

- 老師清楚解說複雜的方程式，學生更有可能理解與喜歡數學。
- 針對新提案做出具有說服力的簡報，同仁的接受度會大增。
- 學生能夠爬梳資訊，清楚解說當中的重要性與關聯性，成績會有所提升。
- 求職者清楚說明他為何勝任這份工作，更有機會獲得錄用。
- 醫生清楚解釋新飲食方法的好處，病人更願意堅持下去。
- 政府機關清楚說明民眾取得服務的方式與管道，民眾更願意使用它們。
- 公司清楚解說產品的優點，產品獲得市場青睞的機率會大增。
- 創業家清楚解說自己的商業創意，獲得投資的機會就變大。
- 購票網站清楚說明系統如何運作，客服收到的詢問郵件會大幅減少。
- 建商清楚解說施工與時程，客户滿意度會提高。

這張清單是無窮無盡的，「清楚表達」已經深入生活的每一個層面。從健康的基本問題，到重要職位的面試，再到日常生活中的做事效率，優秀的解說技巧都能造成改變。然而，我在體會到它的潛力的同時，也發現它的成功沒有仙丹妙藥。成功的解說乃是一系列行動的結合，這些行動若是同步進行，就能相輔相成，把你要表達的意思清楚呈現出來。這本書就是在分享我的研究成果。

清楚表達你的訊息絕非易事，我從不將其視為理所當然。我必須承認，我在寫這本書時為自己設定了高標，你可能質疑某些段落可以有更清楚的寫法，事實上，「清楚表達」永遠都有精益求精的空間，它是一種藝術，而不是科學。不過即使如此，我們仍應竭盡所能地去尋找更佳的表達方式，因為不這麼做，蒙受損失的是我們自己。

我每天都會遇到在表達上不得要領的人——政治人物大力宣導新政策，民眾卻是言者諄諄，聽者藐藐；收到成堆的電子郵件，需要的資訊卻淹沒在冗詞贅字之中；應徵者不斷強調他是最適合這一份工作的人，我卻找不出支持他說法的證據。身為貧瘠表達的接收端，已成為我日常生活的一部分。

網際網路加劇了此一現象。我們如今生活在一個資訊無垠的時代，隨時隨地都被資訊包圍。根據泰德・羅傑斯（Todd Rogers）與潔西卡・雷斯基—芬克（Jessica Lasky-Fink）教授二〇二〇年在《波士頓環球報》（*Boston Globe*）的說法：「專業人士每週平均花百之二十八的工作時間（超過十一小時）閱讀與回覆電子郵件。一般人平均一天會以簡訊溝通九十次，以電子郵件溝通達一百次以上。」[1] 我對這篇文章提及的數量之大感到震驚，但這些數字確實符合我的狀況，對你們可能也是一樣。泰德・羅傑斯與潔西卡・雷斯基—芬克教授進一步指出：「大家都很忙碌，但是每一則訊息都在瓜分注意力。」

雪上加霜的是，我們不僅被動接收接二連三的訊息，我們也主動接觸過多資訊來源：從串流媒體、Podcast、電玩到無盡無涯的網站與應用程式。關於線上生活的優點與缺點，足以寫成另外一本書（市面上已有許多相關書籍），但從「清楚表達」的角度來說，重點在於你傳遞的訊息是處於競爭激烈的環境。你不僅需要對方的注意力，就算得到他的注意力，你還要讓自己說的話具有份量。我從不覺得這是一件簡單的事情。因此，本書的預設前提是「清楚表達」的情勢對我們不利。

我在製作解說影片時，我預設沒有人想看它。我不會假設人們對這部影片的主題感興趣，就算他們感興趣，我也不認為他們會想聆聽我的觀點。我也不會假設他們一旦開始觀看，就會一直看下去。

我的出發點建立在，「清楚表達」是需要一連串努力才能達成的目標；所謂成功的表達，是確認要傳達的訊息、予以具體化、用讓人理解的形式傳達出去（必要時，還要感染聽眾起而行）。這不是說我在傳達訊息時需要手舞足蹈，或把電子郵件的字體放超大，「強索」別人的注意力並不會有什麼進展。反之，我要製作一個清晰、明確與具有關聯性的解說，讓訊息本身就值得關注。「清楚表達」是一條雙向道，你希望把訊息有效傳達，並且獲得迴響；接收方則是希望得到一個有效率的說明。劣質的解說無異於浪費時間，無法幫助聽者理解訊息。在資訊過載的時代，我們都會選擇略過含糊不清的訊息，更不該成為這類訊息的製造者。

這是一門需要不斷精進的技藝。我們面對的資訊愈來愈多，表達方式卻未見跟著提升。你一旦能判斷解說的優劣，就會發現劣質表達無處不在，甚至自己也可能犯過同樣的毛病——不論基於何種原因，你沒能把要傳達的資訊讓對方吸收。例如你製作一份簡報爭取同事支持你的計畫，卻沒有列出對方為何需要給予支持。你在本書的後續篇幅會發現，我也曾犯過很多錯誤。坦白說，這些是可以避免的。

握有優質的資訊不代表就能產出優質的解說，蒐集資訊只是個開端。接下來，我們需要考量資訊的篩選、架構——以及如何傳達出去。

當我為ＢＢＣ報導一則新聞，我會蒐集有關該主題的全部或部分資訊。但如果傳達方式不能吸引觀眾或對他們具有意義，這些資訊又有什麼價值可言？如果我盡數報導所有資訊，反而會妨礙我解說這則新聞最關鍵的部分。我近幾年的收穫，是開始了解我到底做了多少事妨礙我把意思表達清楚。

這不僅適用於新聞報導，也能應用在日常生活中的許多方面。清楚表達是「明確目的、清晰語言與重要資訊」的強力組合，全都是為目標受眾量身打造。做得好，一定能讓你脫穎而出。從實際層面來看，它能幫助你完成任務，與他人溝通更有效率。在更為基本的層面上，它能夠扭轉你的人際互動與你所呈現的形象。它帶來的正面效應，是我著迷與致力於探索這一門技藝的原因。

過去三十年來，我已琢磨出一套清楚表達的系統：蒐集與整理資訊，然後以最為明確、簡潔與易於理解的方式傳達。它適用於各種場合，從準備正式說明會、口試，到臨時需要與同事開會。我靠這套系統建立了我的事業，至今每天都離不開它。它對我大有用處，希望也對你有所幫助。

發掘清楚表達的力量

我鑽研這門技藝並非出於好奇，而是基於需要。我曾好幾次陷入難以承受的情況，迫使我努力尋找出路。

回到一九九〇年代，我大學畢業了兩年，沒有工作，住在劍橋，整天無所事事，只會守在電視機前觀看《傑瑞開炮》（*The Jerry Springer Show*），而不是去找工作。我當時缺乏自信，口袋裡也沒有錢，根本不知道日子要怎麼過。

不過我手上有張王牌。我在大學剛畢業時，曾與女友搬到南非居住。那時候尼爾森．曼德拉（Nelson Mandela）是南非的總統，人們還在探索沒有種族隔離政策後的南非何去何從，縈繞大家心頭的是擔心犯罪橫行。我在那裡打零工，擔任政策研究員，每天駕車從郊區前往市中心的辦公室，我總會準備一些硬幣，向號誌燈下的小販買一份報紙。我進到辦公室，就立刻在我桌上翻開報紙，從頭讀到尾：劫車；警政改革；南非隊打入一九九八年世足賽決賽；英國雄獅橄欖球隊訪問南非，並且進行友誼賽；康威多（Kwaito，南非特有的音樂類型，是浩室音樂的變體，節奏較慢）開始風行；曼德拉主政。我一直想當記者，而南非有許多值得報導的故事。

每逢週末，我就到街頭閒逛，順便買一份《週日獨立報》（*Sunday Independent*）。當年它的老闆就是擁有英國各種《獨立報》（*Independent*）的公司。我還是青少年的時候就喜歡閱讀威廉・利斯（William Leith）與卓伊・海勒（Zoë Heller）的專欄，並且剪下《獨立報週日版》（*Independent on Sunday*）的圖片，貼在臥室牆上，因此我立刻就迷上南非版的《獨立報》。

當年《週日獨立報》的編輯是約翰・貝特斯比（John Battersby）。他坐在一張大桌子後面，看來就像是聽過許多故事，但仍熱烈期待下一個故事的模樣。令我喜出望外的是，他願意刊登我一篇有關警政的分析文章。而在幾個月後，我打電話給他詢問我在週末時能否前來幫忙，約翰很大度地答應了。由於我的愛情與護照簽證期限雙雙歸零，接下來幾個月的週五與週六晚上，我都會參與報社任何需要完成的工作。我當時還兼任ＤＪ，因此有一段時間，我在晚上十點以前是記者，之後就會駕車前往我每週都會去的一家俱樂部播放音樂。在那之後，我再也沒機會能擁有這樣的工作組合。

這樣的行程持續了一段時間，直到我必須返回英國，約翰很慷慨地為我寫了一封推薦信。這就是我的王牌。這封信是直接寫給他在倫敦《獨立報》的同事。

我在一九九八年夏天寄出這封信。幾天後，我接到一通電話要我去面試。這是一個天大的良機，當時我自己根本沒法創造這樣的機會。

在面試前幾天，我花好幾個小時一面閱讀《獨立報》的每一篇文章，一面聆聽ＢＢＣ廣播第五直播台（Radio 5 Live）。我做足了有關新聞的準備工作，卻不知道該穿什麼去面試。我最後穿上一套時髦的休閒服，一副不知天高地厚的年輕人模樣，登上了南下火車。

當時，《獨立報》的總部設在倫敦的加納利碼頭（Canary Wharf）。我搭乘電梯一路向上，被領進一間位在角落的辦公室，窗外風景正是高階主管才擁有的配備。

「你能為我們做些什麼？」坐在辦公桌後面的男人問我。我無法告訴你那人是誰，足見我是多麼想忘記那幾分鐘。

我擠出一些回答，那是意義不明的期望與自以為是的觀點組成的災難大雜燴。我不知道該怎麼說才得體，我對當天最深刻的印象就是感覺機會在不斷流逝。直到現在，我在下筆的同時仍記憶猶新。不出所料，面試在幾分鐘之內草草結束，我很快就返回電梯。報社沒有當場拒絕我已經算是厚道了，我也失去機會為我仰慕的報社工作。

這次的挫折感太重。我失去在加納利碼頭工作的機會，只好打零工，在一家店裡賣咖啡與咖啡機。持續了幾個月的時間，我的日子就是在秤一袋袋的哥倫比亞咖啡豆、看日間電視、做若干ＤＪ工作以及偶爾的壁球比賽中度過，我有大把時間來反省自己為什麼落得這般下場。

我與室友奧利在劍橋共租的公寓，距離我曾攻讀歷史的大學只有幾百公尺。我在懊惱失去《獨立報》工作機會的同時，也參考我過去作為一名學生的經驗，開始尋找應付這些場合的更佳方法，更廣泛地說，就是如何突破困境的出路。

劍橋大學在九〇年代教授歷史的方法相當簡略枯燥。每週你都會有一道申論題需要回答，而其主題你若非一無所知，就是所知甚少。這道申論題需要你閱讀十到三十本不等的書籍，再加上「咱們下週見」的閉門苦讀決心。教授也會講課，但是在學術純粹性的原則下，課堂上所學與申論題的主題往往毫不相干。這說穿了就是你、申論題與書單三方面的事——你有一週時間交出數千字的文章，還要與一輩子都在研究此一主題的學者進行相關討論。

在我看來，如果缺乏規劃，這件事根本不切實際。我並不是單指申論題的作答，而是我需要一套蒐集、爬梳與編輯大批資料的計畫，讓我能夠自信地使用與清楚說明訊息，並且就其主題形成論點。其他人也許只讀幾本書、記下要點、概略說明主題就完事了，但我要的不僅如此，於是我在大學一年級頭幾個飽受驚嚇的星期中，開始嘗試可能會有效的方法。

我在那時琢磨出來的系統大致上就是我今天仍在使用的。不過當時沒有預料到，幫助我說明與分析十九世紀社會主義，或中世紀晚期歐洲神祕主義的性別、身體與食物（這堂課真的範圍很廣）的方法，也會對人生的其他領域有所助益——尤其是在我最需要推銷自己的時候。

二〇〇一年，我終於擺脫《傑瑞開炮》的誘惑，接下幾份網路編輯的工作。但不久之後網際網路泡沫破滅，我成為冗員。我在那年夏天失業了。每週一我都從頭到尾仔細搜尋《衛報》媒體版（*Media Guardian*）的人事欄，急切地想找一份工作。

我記得看到第五直播台徵求一位製作人的廣告，印象之深有如昨天。我心頭一緊，知道自己是多麼想要這份工作。我是第五直播台的粉絲，如果能任意挑選要在哪裡當記者，這裡是不二之選。

我也清楚記得我接受面試的房間，甚至連面試的氛圍也記憶猶新。我已自《獨立報》的經驗得到教訓。此時此刻，我已了解幫助我完成大學學業的系統，也能幫助我面對一生中最重要的時刻。面試之後，我確信自己能得到這份工作。我知道我在面試時已清楚與準確地表達了要說的話，同時也成功回答了他們的提問，我之所以能夠做到，是因為預先準備妥當。

「清楚表達」幫助我進入ＢＢＣ，而在經過二十多年後，它已成為我從事新聞業與創造機會的基石。我在大學期間發展出來的系統不僅幫助我完成學業，也讓我找到心儀的工作，更幫助我做好工作。

在新聞編輯室外，它也在許多方面幫了我一把。

我前陣子在醫院住了五天，完整的來龍去脈在此省略，簡單說就是我看了數位心臟科醫生，有一段時間情況還頗令人擔心。由於新冠肺炎的關係，沒有訪客前來，在大量的檢驗與其所引發的煩躁之間，我必須獨自應付與醫生的所有會面。他們往往都是臨時通知，我只好在最後一刻趕忙拿出紙筆，將桌子拉到床邊，迅速跑一遍我在工作時所用的解說流程。它幫助我整理我要說的、我想問的以及提問的原因。在我的情況遠遠沒有達到最佳狀態下，它對我尤其有幫助。我後來返回醫院進行追蹤檢查也是採用同樣的方法。這只是眾多例子中的一個。

我在與作家經紀人威爾．法蘭西斯（Will Francis）會面，看他是否願意與我合作時，也採用了這套系統。我們與出版此書的出版社會談前，同樣也是採用這套系統。此時此刻，在我寫作的當下也在使用它。

我開始琢磨這套系統時，還是個少不更事的年輕人，從康瓦爾（Cornwall）來到劍橋，為自己的第一道申論題頭痛不已。它後來逐漸進化成某種具有多功能、每天都派得上用場的東西。

讓自己的點子被採用

二〇一〇年，紐約大學與非營利的新聞組織「為了公民」（ProPublica）聯手推動一項「用新方法來進行『新聞解說』的實驗計畫」。我當時並不知道有這項計畫，不過回顧起來，其宗旨跟我寫這本書的原因不謀而合，也彰顯了「清楚表達」在許多方面的重要性。

該計畫的新聞稿表示：「使複雜的主題變得清晰易懂，讓非專業人士都能了解，乃是一門『解說藝術』。」紐約大學教授傑伊・羅森（Jay Rosen）是此一計畫的主持人，他指出：「優質的說明不僅提供資訊，還能引人入勝。」他接著指出一位解說者要如何「處理聽眾在理解上的空白：此一空白源自於缺少必要的背景知識」。2

我完全贊同：資訊、引人入勝、易於理解，以及不可或缺的背景知識——能幫助我們了解某些事件的來龍去脈與其重要性。這些都是優質解說的要件，不過我要據此提供一個更為廣泛的定義。我認為，優質解說必須納入：目標受眾針對該主題所需要知道的相關資訊。

有時候，這只是簡單的幾項細節。例如，我們籌辦小女兒艾絲特的生日派對，其他父母需要知道派對何時開始、為時多久、在哪舉辦等。這些資訊必須清楚且容易取得，這樣，我們的工作就結束了（至少直到派對開始之前……）。然而，如果安排一趟長達一週的校外教學，需要提供的資訊就更多了。

又或者在製作一則新聞報導時，觀眾需要知道的包括最新發展與若干相關的歷史背景。我們可能還需要政界反應。

不論是新聞報導或孩童活動，或兩者之間的所有事情，你都應該自問：「我的溝通對象『需要』知道什麼？」

我常常思考這個問題。大約二〇一〇年——也就是「為了公民」與傑伊．羅森在推動提升解說品質計畫的時候——我從廣播界轉入電視界，開始在電視上錄製標準的半小時新聞播報。你應該很熟悉這種模式——新聞標題、預錄的報導、與現場記者的雙向連線直播、當天最有吸引力的照片，有時還會增加一則訪談等。此一模式過去十年來大獲成功，直至今日仍是電視新聞播報的主流。然而，我坐在攝影棚內學習電視生態的同時，也注意到我透過手機所獲得的新聞，與我提供給觀眾的新聞其實大不相同。

我在手機上輕鬆遊走於眾多不同的資訊來源與內容形式。例如有一座城市遭到炸彈攻擊：我可以閱讀目擊者的推特文；自YouTube觀看當地電視報導；檢視當地地圖；閱讀有關當地社會氛圍的文章；觀看路人上傳社交媒體的影片；檢視通訊社提供的影像；參考對手電視台駐守在現場警戒線外的記者報導；聽取當地政府的反應。以上列舉的還只是一部分而已。我可以在這些資訊來源中自由選擇。這種即時的多重來源資訊整合與使用模式（也可說是以新聞為中心的瀏覽模式）正快速成為我們透過手機與電腦來接收新聞的主流。

然而，坐在電視台的攝影棚內，電視新聞的作業極其繁雜，我們要在報導中「及時」涵蓋所有來源幾乎不可能。由此產生了一個風險，觀眾會面臨要觀看我的電視新聞或他們手機的選擇，他們很可能都會選擇後者。

這樣的情勢是問題、也是轉機。問題顯然在於：如果觀眾能自手機獲得品質更佳的新聞，他可能就會關掉電視。至於轉機，正如我們一位前任編輯所說，我們愈來愈傾向於「為已經知道新聞的人製作新聞」。炸彈在某處爆炸的消息，很快就會廣為人知——傳遍新聞網站、社交媒體和即時通訊群組。人們不再為了要知道發生什麼而打開電視——他們打開電視是為了要知道爆炸案的細節、原因、即時影像、新聞的整合與分析。「我們也許可以改變提供新聞的方式。」我一面學習電視新聞的生態，一面開始思考。

接下來幾個月，我對電視新聞播報有了新想法，並且立刻著手進行。我們把有價值的資訊納入新聞報導中。我們並不是把所有資訊一網打盡，這樣只會使新聞變得冗長且無效；而是我們現在有了選擇空間，而且能快速進行。

很多人對即時頁面都不陌生。新聞網站用它們來播報重大或突發新聞，或播報足球比賽等活動。通常是由一人負責發布與更新不同來源的資訊，包括有益於觀眾更加了解的所有內容。簡單說，我在二〇一〇年代初期的構想是製作電視廣播版的即時頁面，主播則是扮演即時頁面的編輯角色。我們在觀眾面前建構起一則報導，引領他們一步一步深入其中，直到完全了解。主播可以對觀眾說：「我們從此處開始……但要了解這個，我們需要先對……有概念。」

ＢＢＣ贊同我的想法。我們將之稱為「外部來源」（Outside Source；外部來源是個技術性名詞，用來指稱提供給新聞編輯室的影音資訊；它也代表我們會使用任何來源的資訊，不論是ＢＢＣ或其他來源）。ＢＢＣ聰穎過人的設計師、導播與工程師建造了一部觸控螢幕，讓我們可以展現與主題相關的任何內容形式。我們想採用什麼內容都不成問題，更有機會在電視直播環境下提供具有深度的解說。

如今，我們改採一套圖像取代觸控螢幕，此舉同樣為我們保留了選擇空間，而且在手機上更易於觀賞。其概念是一致的。

解說是對特定主題的重要資訊進行高效萃取與分享的過程。這不僅是我製作電視新聞的核心，也是我在其他溝通場合遵循的原則。

最初，為了讓ＢＢＣ高層接受這個構想，我反覆思索如何闡述想法、回應疑問、化解顧慮，並且說服他們其成功的可能性。不僅如此，我還考量到要於何時何地以及如何提出構想：書面形式、非正式交談或正式會議。在二〇一三年，ＢＢＣ接受了這個提案。

二〇一六年，我進一步擴大規模地發揮「清楚表達」的力量。

我的故事

五〇：五〇計畫旨在提高媒體內容提供者的多元性。它起於「外部來源」，接著擴大至BBC新聞部，然後幾乎是BBC的所有內容，現在更是遍及逾三十國的組織與機構。

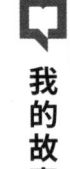

五〇：五〇初期是聚焦於增加BBC新聞事業中女性內容提供者的人數。回想當時，我們是陷入一個不斷嘗試的狀態：女性平權向來是我們追求的重要目標，然而我們內心可能都認為這是不可能達成的。實現兩性平權的阻礙，漸漸成為我們無法達成目標的藉口。我則是想看看我們能否將落實兩性平權視為不可妥協的原則，是我們對自己的要求，就像我們對新聞的公正性、高產值與按時截稿的堅持一樣。我希望如果我們能夠證明百分之五十的女性內容提供者在「外部來源」等新聞節目是可行的，也許就能鼓勵其他人加入此一計畫。

我在推動此一計畫時，最初是假設不會成功。這樣做並不是因為我認為無法達成百分之五十女性內容提供者的目標，也不是因為擔心人們根本就不關切這個議題

（無庸置疑，在我之前已有許多人在此一領域做出貢獻）；而是因為我沒有信心說服一批已經非常忙碌的團隊願意在作業上採用新方法。這一切的成敗繫於能否成功說服別人。我是一位主播，雖然不羞怯靦腆，但是主播並不是經理與管理者，並不能（也不應）指使別人該怎麼做。就跟我當初提出「外部來源」的計畫一樣，現在就看我是如何推行了。

五〇：五〇計畫是使用一套簡單的自我監控系統。在「外部來源」的製作人喬納森・耶魯沙米（Jonathan Yerushalmy）與蕾貝卡・貝莉（Rebecca Bailey）大力支持下，我們成功地在該節目中試行五〇：五〇計畫。我現在需要做的是讓別人也加入這項計畫。

首先，同時也是最重要的，我必須向大家解釋此一系統在執行上會是什麼情況。我花了許多工夫讓這套系統與使用說明盡可能地簡單易懂與具有可行性。我還製作了一張問題清單，列出可能被別人問到的問題，甚至還寫下了我的答覆。

這些問題是：

- 我們一定必須做嗎？（不是的）
- 如果我們不喜歡，能否叫停？（可以）
- 有配額嗎？（沒有）
- 這個系統在執行上需要多少時間？（一天不到五分鐘）

其他還有一些需要仔細回答的問題：

- 觀眾在意嗎？
- 我們每天需要怎麼做？
- 你為什麼要這麼做？

我曾多次請教別人，以確保我的回答正確無誤，如果不是，我會進行修改。我只有在對我的答覆滿意之後才會開始向同仁解說。在我解說之後，我發現進展頗為順利，緩慢但穩定地，五〇：五〇計畫開始落實。

談話接著談話，會議接著會議，我覺得自己在解釋我在做什麼與為什麼要做等問題上，益發透徹。我也學會根據對象來調整說辭，因為不同團隊與不同經理，會有不同問題與關切重點。我準備如此周全，也無法保證別人照單全收（有些人確實沒有同意），但是，再一次地，我給了一個構想最好的機會。

這就是清楚表達的力量。若是沒有預先思考如何說明構想，我不認為「外部來源」與五〇：五〇計畫能夠成功。我們的構想需要說服別人，這個過程又會反過來幫助我們精進構想，我們得到期盼結果的機會也會增加。

如果你和我一樣，需要單槍匹馬向公司提案，清楚表達是你的必要技能；你若是領導人，需要同仁配合推行某一計畫，清楚表達同樣大有幫助。研究學者暨企業策略教授露西・庫恩（Lucy Kueng）指出：「構想愈不清晰，支持度就愈低。」[3]反過來說也成立。

向身邊的表達高手請益

雖然周遭存在很多劣質解說的例子，但也不乏真正擅長解說的人，我多年來從身邊的人受益良多。

二〇〇三年，我加入了英國廣播公司國際頻道（BBC World Service），當時它仍位於歷史悠久的布希大樓（Bush House），這座建築矗立於倫敦奧德維奇路（Aldwych）彎道頂端。寬闊的人行道、綠蔭如蓋，為大樓增添莊重氣息。布希大樓在某種程度上象徵了ＢＢＣ國際頻道的精神，其高聳的入口直面大道，象徵著其廣播的力量。步入其中，你會穿過刻有「向英語使用者的友誼致敬」的巨大石柱，這句話承載著強大的使命感，而國際頻道至今仍以此為核心價值。

我剛進入ＢＢＣ時是擔任製作人。但二〇〇四年底的某一天，我的編輯走過來告訴我，主播錯過了火車，要我代班。

「格林威治時間二三〇〇，ＢＢＣ國際頻道。您現在收看的是《今日世界》（*The World Today*）。」這是我的開場詞，氣勢恢宏。然而，隨之而來的是一連串艱鉅的挑戰：美國總統喬治・布希（George W. Bush）的第二任期、亞西爾・阿拉法特（Yasser Arafat）的辭世、英國首相東尼・布萊爾（Tony Blair）的卸任、伊拉克戰爭，以及二〇〇五年巴基斯坦的大地震。

我報導了數百則新聞，有些人熟悉其中的事件，有些則一無所知，但每個人都渴望多了解世界。身為主播，你的任務是讓他們願意繼續聽下去。或許你能解釋伊朗總統艾哈邁迪內賈德（Ahmadinejad）與美國總統布希之間的矛盾如何加劇兩國緊張關係，但問題在於：你能否表達得準確無誤，並且讓人信服？

我開始鑽研溝通與廣播技巧，逐漸發現所需的答案近在眼前。我能從觀察與聆聽中辨別誰能清晰解說。我開始盡可能學習：若同事的某句話、用字遣詞或某種表達方式有效，我便記下來化為己用。

朱利安・沃瑞克（Julian Worricker）是ＢＢＣ主播，早在我成為主播前，他就是我傾心學習的榜樣。他曾給過我一條受用終生的建議。當時，我在第五直播台初試啼聲，對一切一無所知，便向他求助。他慷慨回信，提醒我：「聆聽別人的回應。」這忠告我至今謹記。我們要有意識地去觀察與反思哪些表達方式奏效、哪些無效，才有可能進步。

在擔任主播初期，我不斷向同事請益，對他們的耐心與幫助，我至今心懷感激。我像是一個「蒐集狂」，如飢似渴地吸收一切有助於提升解說品質的方法。這些資源不僅來自新聞，也來自其他領域。凡是對我有用的，便納入自大學時代便開始建立的系統。

如果要讓你的工作發揮最大影響力，表達必須清晰，並且能吸引別人的注意力。別人一旦願意聽你說，就要進一步確保你的話能發揮作用，帶來實際幫助。

起初只是為了提升播報新聞的表現，後來逐漸演變成一項深遠的使命：在清楚表達上精益求精。這套方法不僅適用於熟悉的主題，也適用於前一天才剛接觸的新內容。有時候，解釋熟悉的內容甚至更具挑戰性。希望這本書也能啟發你踏上清楚表達的探索旅程。

如何使用本書

直到四十歲左右，我的廚藝只能用「糟糕」來形容。雖然對烹飪頗有興趣，但除了辣肉醬和咖哩，其他都不會做，更別提我對烹飪過程的莫名恐懼。

改變來自我妻子莎拉的一份禮物——薩布麗娜・加尤爾的烹飪書《波斯美食》（*Persiana*）。這本書的食譜簡單明瞭，食材與步驟一目了然，讓我大受鼓舞。我小心翼翼地嘗試其中一些菜色，專注於每個步驟，而不是結果。令人意外的是，我的成果居然還不錯！可以自信地說，甚至挺好吃的。（從完全不認識石榴糖蜜到離不開它，算是一種奇妙的進步吧。）

談到烹飪，手頭上的食材或一本烹飪書，都是你開始的基礎——選擇材料，挑選菜色，然後依食譜準備並料理。解說的過程也如出一轍：你擁有哪些資訊？需要哪些補充？要對多少人表達？

本書旨在助你一臂之力，不論你處於解說流程的哪個階段。如果你對解說已有自信，我會提供架構、靈感與技巧，讓你的表現更上一層樓。如果你像我對烹飪一樣，偶爾感到無所適從，本書則會引導你一步步完成整個流程。我相信，只要跟隨這套系統，你很快就能建立自信，達成理想的溝通效果。

全書分為五個章節，有如指引你精進表達能力的藍圖。

一、剖析優質解說

解說的起點是明確的目標。本章列出優質解說的十項標準，無論情境如何，這些都是衡量解說成敗的核心準則。

二、認識你的受眾

解說不可能在真空中完成，成功的關鍵在於了解你的聽眾。本章將指導你如何評估受眾特質，並根據他們的需求與期望量身打造你的解說策略。

三、清楚表達七步驟

這是優質解說的完整框架，詳述每一步該做什麼及其背後的原因。無論是發表會、演說、學術討論、產品介紹，還是書面簡報，本章提供通用的工具和策略，幫助你輕鬆應對各種規模的解說需求。

四、臨場表達七步驟

現實往往出其不意，優秀的解說者需要在動態情境中保持清晰表達。本章將教你如何將受控環境中的技巧應用到即時互動中，例如採訪、談判、提問或研討會，讓你能在變化莫測的局勢中駕輕就熟。

五、簡捷的表達

當時間緊迫或情境單純時，解說的重點是高效與精準。本章聚焦於如何在日常生活中運用簡短解說技巧，無論是電子郵件、簡訊、臨時會議，還是與水電工或客戶的快速溝通。這些看似微不足道的解說，若處理得當，同樣能產生深遠的影響。

綜上所述……

本書目的是提供一套策略、工具和技巧，幫助你在工作與日常中應對各種解說需求。如同烹飪書，我嘗試列舉各種方法的適用場合，但每個人都可能偏離食譜，按照自己的方式嘗試。我希望你也能如此。核心目標是整理思路、了解受眾，然後用最有效的方式傳達資訊。雖然沒有唯一正確的做法，但我相信一套支持與指導你的系統能讓這一切變得更簡單。

準備好了嗎？我們從基礎開始，一起展開這段旅程吧！

Chapter

1

剖析優質表達

根據我多年從事表達相關工作的經驗，我認為解說的成功關鍵在於十項特質：

1. 淺顯
2. 重大與必要的細節
3. 複雜性
4. 效率
5. 精確
6. 來龍去脈
7. 去除干擾
8. 引人入勝
9. 提供助益
10. 目的明確

這十項要素是我在表達時的基礎。它們幫助我更透徹地傳達訊息，並且逐漸成為一種直覺檢視的工具。本書稍後討論的解說系統將基於這些原則。

簡單來說，解說的核心是：

- 提供受眾所需或我想傳達的所有關鍵資訊。
- 確保這些資訊能被理解並對受眾有幫助。

現在，讓我們深入探討這十項要素如何幫助我們清楚表達。

一、淺顯

艾倫．雷托（Allan Little），ＢＢＣ新聞的巨擘，也是他那一代最傑出的編劇之一，曾在一部訓練影片中說過一句話，深深觸動了我：「淺顯是理解的關鍵，簡短詞句對聽眾或讀者構成的理解障礙最小。」

我第一次聽到這樣的表述，彷彿大夢初醒。我並非不明白簡單語言的重要性——事實上，我對此已關注許久。但艾倫提到的「理解障礙」，如同當頭棒喝，讓我重新思考淺顯的重要性。那一刻，我差點跳上桌子，想大聲告訴所有人這個發現（我最終忍住了）。但我毫不誇張地說，那個瞬間深深改變了我看待解說的方式。

在此之前，我將「過於複雜」視為一種文體或風格上的瑕疵——令人不快，但尚可忍受。我以為，只要新聞腳本涵蓋主要事實與必要脈絡，偶爾加入無關緊要的官員姓名或看似有趣的統計數字，並無大礙。只要核心內容不丟失，就不算失職。

但事實證明，我錯得離譜。

淺顯不僅是風格問題，而是表達的基石。如果資訊因為過於複雜而難以被理解，那麼無論內容多重要，終究無法達到溝通目的。

如今，我將非必要的細節視為清晰解說的最大威脅。自從引用艾倫的觀點並宣揚「理解障礙」的概念後，每當需要解說時，這一原則都成為我的指導基石。

我手握大量精心蒐集的資訊，但也意識到其中某些字句或事實可能成為理解的絆腳石。從這個角度看，這些細節不再是無害的，反而會減損溝通的效果。

突然之間，我發現「理解障礙」無處不在，我更加專注於讓解說簡單明瞭。冗長的句子、晦澀的詞彙、多餘的形容詞或無關緊要的細節，一旦出現在我的表達中，便會毫不猶豫地剷除。

紐西蘭政府顯然也認同這個理念。二〇二二年，他們推出《淺顯語言法案》（*Plain Language Bill*），並於同年十月通過。這一消息是我透過ＢＢＣ前同事兼《衛報》記者喬納森·耶魯沙米的報導得知的。《衛報》寫道，該法案要求政府向大眾溝通時，必須做到「清晰、簡潔、架構良好，並且適合各年齡層。」[4]

這些要求完全契合我的理念。讓解說淺顯易懂，不僅是一種選擇，更是一種責任。

《衛報》的報導引用了紐西蘭淺顯語言獎創辦人琳達・哈里斯（Lynda Harris）的話：「政府溝通是人民生活中最切身與重要的一環，涉及移民身分、離婚文件、福利金資格，甚至是建立一個家園。」

紐西蘭國會議員瑞秋・博雅克（Rachel Boyack）也補充道：「如果政府的溝通讓人民無法理解，他們可能無法享有應得的服務，對政府失去信心，甚至拒絕參與公共事務。」是否需要法律來規範政府的溝通方式，是其他領域的辯論範疇。但毫無疑問地，在這些情境中，清晰表達並非可有可無的奢侈品，而是直接影響人民福祉的必需品。

這不禁讓我聯想到泰德・羅傑斯（Todd Rogers）與潔西卡・雷斯基—芬克（Jessica Reske-Fink）兩位教授在二〇二〇年發表的一篇文章。他們指出：「簡化語言能提高聽者的注意力，幫助他們理解並完成訊息的接收。」他們倡導的「通用語言」，就是以日常的方式溝通，像你平時講話那樣自然。

然而，追求淺顯並不是「簡潔即萬能」的迷思。我們要避免陷入以下誤區：

- 句子短就好、長就不好？錯。
- 細節多就壞，細節少就妙？也不對。

真正的目標，是追求語言的清晰度與排除不必要的干擾或資訊。淺顯有時是簡潔的，但關鍵不在長短或多寡，而在於內容是否真正有助於理解。

這也歸結出了我每次溝通時反覆問自己的問題：「這一句話，是否清楚傳達了我想表達的意思？」

請你自問

這是我所能表達的最簡單方式嗎？

二、重大與必要的細節

注重細節與追求淺顯看似矛盾，但其實兩者相輔相成。艾倫．雷托的建議重在語言的簡潔，而非主題的簡化。淺顯的語言並不意謂著逃避複雜主題或刪除細節。相反地，細節是解說的基礎，提供了事實與資訊的精髓，是我們想傳遞的內容與目的所在。

然而，細節往往被低估或忽略。

在二〇一〇年代，新聞媒體普遍認為觀眾偏好短影音，因此排斥冗長或訊息密集的內容。但在二〇一六年，我參訪YouTube倫敦辦公室時，發現了一個令人振奮的事實：觀眾其實對長影片並不抗拒。YouTube的數據顯示，只要主題和內容引人入勝，用戶願意深入了解更多細節。

美國新聞評論網站沃克斯（Vox）迅速洞察到這一趨勢。他們自二〇一四年起推出解說性新聞，創作了比傳統電視報導更長的影片，並成功吸引大量觀眾。這說明，不論是面對百萬觀眾，還是僅有一位聽眾，必要的細節絕不可少。

如果解說某件事情變得很困難，通常是因為缺乏時間去梳理細節。無論是花數月撰寫一本書，還是匆忙在便條紙上記下會議重點，解說的成功依賴於：

1. 選擇必要的細節——剔除多餘雜訊，聚焦核心信息。
2. 清楚傳達細節的重要性——讓聽眾明白這些資訊的意義與價值。

不論準備時間多寡，將梳理細節列為解說工作的首要任務，始終是至關重要的。

細節是解說的關鍵，但濫用它卻會削弱整體效果。把所有有趣的細節納入解說中頗具誘惑力，但這往往會引發報酬遞減的現象：每個多餘資訊都可能阻礙核心資訊的傳遞。我們的挑戰在於，要從中篩選出真正重要的。

好消息是：相關且有價值的資訊無需刻意推銷。只要內容與受眾的需求契合，他們自然會專注聆聽。

在後續「清楚表達七步驟」的章節，我們將深入探討如何辨識並運用必要細節，使每次解說都更具影響力。

請你自問
哪些細節在這次解說中是不可或缺的？

我們既要保持語言的淺顯，又必須提供必要的細節。但所謂的必要資訊，不僅是簡單的事實，也可能帶有一層我們避之唯恐不及的複雜性。

三、複雜性

主題愈複雜，清楚表達的難度就愈大。如果我們將複雜性納入溝通中卻處理不當，聽眾可能會感到困惑、混亂，甚至對我們的訊息失去興趣。放棄複雜性來追求淺顯，是一個很常見的誘惑。簡化似乎能減輕清楚表達的挑戰，也能迎合我們對簡單的渴望。然而，很多重要的主題幾乎都帶有些許複雜性。要做好解說，無論用字遣詞多麼淺顯，我們都必須接受並妥善處理這些複雜性。

因此，追求淺顯不等於忽視複雜性。真正的挑戰是，在保留必要細節和複雜性的同時，讓表達既清晰又不失深度。

我的故事

二〇一五年夏天，我接到編輯的一通電話，要我去希臘。當時的希臘窮於應付國債危機，保守來說，就是全國上下對於如何解決此一問題莫衷一是。當時的希臘街頭抗議不斷，歐盟正在策劃一項紓困方案，希臘政府則是在思索願意做出多大讓步來換取紓困。有一陣子，希臘情勢危急到可能會退出歐元區，若真是如此，歐盟的政治與經濟會受到重創。

將近兩個星期，我都是在俯瞰雅典憲法廣場的屋頂接受烈日炙烤，右手邊就是希臘國會。我來這裡是為了BBC所謂的「連續直擊現場」（live and continuous）。這是每當BBC新聞電視台需要時，我就必須在現場進行報導或解說。如果是全球最大的新聞事件——那年夏天希臘危機就常常登上寶座——電視台就非常需要我到場。我一天之內加起來要做好幾個小時的報導，這會影響我如何解說新聞故事，因為報導量實在太大，不可能預先準備好每一分鐘。我無法預料會被問到的每一個問題，也不可能知道新聞的所有後續發展，我必須見招拆招。

這場債務危機與國內和國際政經情勢有千絲萬縷的關係。它的複雜性不亞於其重要性。就這樣，在希臘的頭幾天，我名副其實地粉墨登場，臉上塗滿粉底，淒苦地希望能夠掩飾額頭的汗水；我在沒有筆記、沒有事先大量準備、沒有事先得知會被問到什麼問題，以及沒有充裕播報時間的情況下，努力找出能夠解說其中複雜性的方法。如果這聽來令人生畏，是因為它確實如此。直到現在，每當我要出差進行海外報導，都會戒慎恐懼。

在這種時刻，有人會傾向於選擇報導事件中的簡單部分，而難度較高的部分則套用別人的現成版本。但我知道若是選擇這條路，我很快就會落敗，所以必須直接面對其中的複雜性。

雅典的屋頂成為我的臨時住所，它比一座網球場略小，在角落裡有一座小涼亭，能夠在報導空檔供我們與設備降溫。如果休息時間較長，我們還有一間小辦公室可以使用。我就是在這裡擬妥三張清單的。

第一張是我自認都了解的議題，同時記下如何解說它們的最好方法。第二張是我不懂的部分。第三張暫時是空白的，我會隨著事件的發展寫下新增的不了解部分。

（我猜到後續會有一連串令我措手不及的新發展。）我就這樣開始進行研究與填補空白。

在新聞生涯的早期，我有次被派往布魯塞爾主持一小時的叩應節目，訪問北大西洋公約組織（NATO）當時的祕書長。儘管做了不少功課，播出當天早上，我仍對自己描述NATO與俄羅斯關係的方式感到不安。不是因為不了解議題，而是對清晰流暢的解說缺乏信心。遇到這種情況，我的策略向來是直面問題，而非逃避。我把迴避複雜性的衝動視為警訊，提醒自己尚未準備充分。於是，我致電同事喬納森．馬可斯（Jonathan Marcus），反覆向他請教，直到獲得足夠的建議。

這一回，在雅典的經濟危機現場，我求助的對象是BBC商業台的資深記者喬．利那姆（Joe Lynam）。他耐心地向我解釋細節，我則試著用更簡短的語言複述。他糾正，我修正；一來一往之間，我逐漸琢磨出清晰而正確的報導。

在這些經歷中，我體認到一個真理：要解說清楚，先得搞懂它。複雜性並非敵人，只有擁抱它、理解它，才能駕馭它。

複雜性之所以重要，原因有兩點。首先，也是最重要的：如果一件事情的複雜性無法說明清楚，不但削弱聽眾對訊息的理解，也動搖他們對你作為可靠資訊來源的信心。這樣的結果可能影響深遠。

處理複雜性的第二個理由是，它能幫助你更明智地篩選內容。即使你在研究之後選擇不納入某些複雜性，這個過程仍會讓你在表達時更有自信，因為你對主題已有更深入的理解。

如果你是老師，或許早已熟練將複雜主題化繁為簡的技巧；如果你是醫師，解說健康問題也自有一套。但無論身分為何，我的建議是：隨時檢視你的表達，確保符合對方的知識水平。想想看，我們都遇過善於解釋的醫師，也遇過令人一頭霧水的醫師，不得不請他進一步說明。

再換個角度，如果你在裝修房子，身兼各種工匠師傅的中間人，你若對水電一竅不通，怎能有效溝通？你需要具備基本的水電知識，才能準確傳遞訊息。

總結來說，正視複雜性，你才能明白需要哪些資訊，並且善用它們。理解是優質表達的先決條件；而最出色的解說，是對複雜性的優雅呈現。

請你自問

這一主題還有哪些部分是我不了解的？

高明的解說融合了基本細節與必要的複雜性，同時以最淺顯的語言傳達。這正是你達成下一個目標的關鍵。

四、效率

手機對專注力的影響一直是學術界的熱門議題。然而，無庸置疑，只要我們願意，我們仍然具備長時間專注的能力。Netflix、Amazon、YouTube、ＢＢＣ等平台，都提供了大量證據，證明人們願意長時間觀看或聆聽內容。

這裡牽涉到兩個緊密相關的因素：我們能專注的程度，以及我們專注的意願。如今，專注力的競爭比以往更加激烈。科技不僅賦予我們前所未有的選擇，還讓我們隨時可以轉移注意力。我在過去二十五年見證了數位科技和消費行為的轉變，身為記者與主播，我們的回應就是確保觀眾的投入能獲得豐厚回報。你的表達也應該以此為目標。

我的故事

在二〇一七年英國大選期間，BBC派我回到家鄉康瓦爾採訪。雖然是熟悉的地方，我仍需要超越一般常識的深度資料來準備播報，於是開始蒐集資訊。

某天晚上，一家英國主流新聞快報播出了一則關於彭贊斯（Penzance）的報導。我心想：「太棒了！這是一則完全聚焦康瓦爾與當地選情的報導，不只談選舉，更貼近我需要的範圍。」滿懷期待地看完，我手中的筆記本卻仍是空白的。

我倒帶重看，仍然一無所獲。報導展示了當地的景色，聽取了幾位居民的看法，也提及了一些基本背景，但缺乏真正實用的資訊——沒有數據，沒有來龍去脈，更遑論分析。儘管報導充滿細節，但都不是必要的細節。這份報導對我的準備毫無幫助。

作為資訊消費者，我需要高效的方式了解康瓦爾的選舉。而這次經驗讓我更深刻體會到效率在表達中的重要性。當你能以效率為核心，為觀眾的每分鐘投入提供實質回報，他們會因此感到滿足，甚至心存感激。

除了讓人們覺得投入的時間有所回報，效率還提供了另一種資源——空間。為了說明這點，讓我稍微岔開話題。

二〇一一年十月，我剛完成一部加勒比海紀錄片的拍攝，來到邁阿密。接著，我需要趕往佛羅里達西南部的邁爾斯堡（Fort Myers）主持一系列節目。於是，我租了一輛車，在夜間踏上漫漫長路。

七十五號州際公路筆直、平坦且毫無景色，四周靜悄悄的，只剩下我和收音機作伴。當時，史蒂夫・賈伯斯（Steve Jobs）剛剛去世，成了新聞頭條。我一路聽著對他的悼念與各種軼事。其中一則深深吸引了我：魚缸的故事。這是前蘋果員工阿米特・喬德利（Amit Chaudhary）分享的經歷：

> 工程師在完成iPod的原型機後，將它拿給史蒂夫・賈伯斯審核。賈伯斯把玩著這個裝置、仔細端詳，用手掂量它的重量，然後斷然駁回：它太大了。
>
> 工程師們忙著解釋已不可能再小了。賈伯斯沒有說話，他起身來到一座魚缸前面，將

iPod扔進魚缸。隨著iPod沉到缸底，有些氣泡浮上水面。

「有氣泡，」他厲聲說道，「表示裡面還有空間，把它變小一點。」[5]

你在史蒂夫．賈伯斯去世後的那一期《大西洋月刊》（*The Atlantic*）也可以讀到這則故事，標題是「歌頌暗黑史蒂夫」。[6]

我無意評論「暗黑史蒂夫」或他的行事風格，但有一句話讓我牢記在心：「裡面還有空間。」解說也是如此，你幾乎總能找到「空間」。

新聞記者經常面臨這個難題。編輯常說：「內容需要再短些。」我們則抗議：「真的不能再短了！」每位記者都曾為爭取篇幅與字數絞盡腦汁。頭版的版面、新聞快報的字數，這些限制無可動搖；同樣地，你要演講、參與會議或訪談的時間也是固定的。你要如何應對這些限制呢？常見的三個陷阱是：倉促交差、填塞過多資訊或犧牲有價值的內容。這三種錯誤都會削弱表達的質量。

《紐約時報》（*New York Times*）記者珍．布萊德利（Jane Bradley）曾在推特上說過：「最棒的編輯是把你的文章刪掉了一千字，而你居然毫無察覺。」當我草擬解說時，我會反覆檢視並壓縮內容：哪裡有多餘的「氣泡」？哪些詞句或資訊不必要？能否用更簡潔的文字替代？是否有句子無法清楚表達我的意圖？這就是我所謂的「壓縮」過程。一遍遍掃雷，清除冗餘，表達的效率自然就會提高。

最後要強調一點：有效率的解說不等於簡短，而是善用有限的時間。如同我們製作解說影片時，關鍵不是影片長度，而是內容是否有效傳遞訊息。提高解說效率，能增進表達的清晰度，也確保時間分配得當，讓觀眾的每分每秒都物超所值。

請你自問

我有包含不必要的多餘資訊嗎？

我們已探討過解說效率的重要性。接下來，我們要談一項相關的特質：如何避免雜亂與模稜兩可。

五、精確

我們再回到艾倫·雷托在BBC檔案庫中的訓練影片。他曾說過：「好文章就是選擇適當的詞句來精確傳達你的意思。」

初聽之下，這句話似乎理所當然，然而，艾倫實際上揭示了我們在表達時最常犯的錯誤之一——無法精準傳達訊息。

「言必有中」可分為兩個過程。首先，你必須清楚知道自己要表達什麼。艾倫曾告訴我：「如果句子冗長，那是因為你的寫作不夠嚴謹；而如果寫作不夠嚴謹，思考也就不夠嚴謹。」我在加納利碼頭的面試犯的就是這個錯誤。

然而，即使你知道要表達什麼，並清楚每句話、每個段落所扮演的功能，這與「選擇適當詞句來精確傳達意思」之間仍存在落差。

我經常反問自己：「我的用字遣詞能如實傳達我的想法嗎？」若答案是否定的，我便會繼續調整，直到滿意為止。我曾多次在意想不到的地方獲得啟發。

在帕羅奧圖（Palo Alto），史蒂夫・賈伯斯曾把 iPod 扔進魚缸；而在七〇年代初，瓊妮・密契爾（Joni Mitchell）在洛杉磯錄製了經典專輯《憂鬱藍色海》（*Blue*）。在我聽過的專輯裡，這張是我重複播放最多次的。第一次在大學唱片圖書館偶然發現它之後，我便沉浸其中，百聽不厭。

《憂鬱藍色海》擁有坦誠直白、深深打動人心的力量。它的歌詞動人，旋律優美，密契爾的演唱更是登峰造極。這張專輯的非凡之處在於，她不僅能清晰傳遞自己的情感，還能奇妙地幫助聽者探索內心。儘管我已聽了無數次，卻仍忍不住驚嘆：她究竟是如何辦到的？

某天，父母在聽我反覆播放這張專輯後，送了我一本大衛・雅菲（David Yaffe）撰寫的瓊妮・密契爾傳記《不計一切的女兒》（*Reckless Daughter*）。雅菲像最優秀的評論家那樣，幫你在熟悉的事物中發現新鮮視角。他在書中寫道：「聲音自然又簡樸，鼓聲輕柔且內斂。吉他與其他弦樂器，甚至 Studio C 的平台鋼琴，都展現出原聲之美。情感像拉斯・康克爾（Russ Kunkel）敲擊的康加鼓般奔放。」

「簡樸」，或許正是密契爾音樂的精髓：純粹的力量，無需過度修飾。這不禁讓我聯想到解說的原則——若核心資訊足夠有趣、相關且有用，那麼文字應當簡潔直白。正如密契爾的音樂，少即是多。

另一個啟發來自大衛·雅菲的傳記。我開始更深入研究《憂鬱藍色海》，並在美國公共廣播電台（NPR）的一份榜單中發現，這張專輯位列「由女性製作最偉大的一百五十張專輯」之首。為此，NPR音樂台的安·鮑爾斯（Ann Powers）撰文指出：「《憂鬱藍色海》提醒我們，抒情文只有在極度精確下才能發揮力量。」

「精確」——又是這個詞，而且還是「極度精確」。我完全明白鮑爾斯的意思。隨著我愈發思考精確在解說及各種溝通形式中的角色，我愈能體會它的重要性。精確要求我們選擇最貼切的詞句，並清除它們周圍任何可能分散注意力的雜質。

當然，溝通的形式多種多樣——無論是藝術、音樂、新聞、對話——精確並非總是必要。然而，如果你的目標是高效率的解說，精確就是不可或缺的基本要件。

請你自問

我說的內容確實是我要溝通的重點嗎？

在清楚表達中，當我們已經掌握了淺顯、必要資訊、複雜性、效率與精確這些要素，下一步則是要回答一個關鍵問題：為什麼這些內容值得聆聽或關注？

六、來龍去脈

來龍去脈是解說的靈魂——它提供背景，使事件從孤立的片段變成一個與人類經驗交織的故事。沒有任何事情是孤立存在的；重要性往往來自於它與其他事件、人物或認知的聯繫。然而，在解說時，我們常為了某些細節而犧牲背景，導致受眾既缺乏關切，也無法理解全貌。

例如，新聞報導若只專注於剛剛發生的事件，而忽略其成因與背景，便無法讓觀眾真正感受到其意義或影響。沒有來龍去脈的解說，如同牙疼卻不告訴醫生你的病史，只說「現在很痛」——診斷無從下手，更別提對症治療。

來龍去脈為我們提供了必要的情境：

- 如果你告訴牙醫牙疼，就應補充已經疼了多久。
- 若向面試官提及你的銷售成績，應加上你接手前的基準數據。
- 當你提議改變團隊結構，應指出該結構雖久受批評，卻十年未改的背景。

來龍去脈的力量在於它引導受眾關切，深化理解。缺少這些背景，解說只是浮於表面的資訊，無法產生應有的共鳴與影響。

我的故事

二〇一一年，我在擔任BBC國際頻道主播時，親眼見證了一次來龍去脈居於解說核心的經典示範。當時的重大新聞是巴基斯坦旁遮普省省長薩爾曼・塔西爾（Salman Taseer）遭到保鑣刺殺身亡。這是巴基斯坦內部的一件大事，但對於全球多數觀眾來說，塔西爾並非熟知的名字。

當天與我同在新聞編輯室的，是我們最資深的主播之一歐文・班尼特—瓊斯

（Owen Bennett-Jones），他對巴基斯坦的歷史與現狀有深厚的理解。我們請他在新聞摘要後，為觀眾講述這則新聞的全貌。在簡短介紹後，歐文在五分鐘內呈現了一段堪稱完美的解說。

這段解說令人印象深刻的地方在於：不到六十秒的時間提及刺殺事件本身，其餘時間都用於講述背景與來龍去脈。他以巴基斯坦的民主制度為基底，描述塔西爾的政治生涯；深入剖析褻瀆宗教法律如何撕裂國內；並談到巴基斯坦與西方世界的關係以及其敏感的地緣政治處境。

這五分鐘大師級的現場彷彿讓時間靜止。你能感覺到觀眾都屏息聆聽——有人在超市停下腳步，有人寧願上班遲到，也要聽完這段內容。在控制室裡，所有人都一聲不響，完全被吸引住。

歐文的成功部分來自他豐富的知識與優秀的表達能力，但更重要的是，他深知來龍去脈對解說的重要性。為了讓全球各地的觀眾——無論是在奧勒岡、拉哥斯、雪梨還是布魯塞爾——理解這則新聞的意義，他花時間鋪陳背景，將一個遠方的事件變得彷彿與每個人相關。

歐文用來龍去脈搭建起理解的橋梁，讓我們感受到真正優秀的解說能夠如何啟發和聯繫世界。

自從目睹歐文解說薩爾曼．塔西爾刺殺事件後，我愈發重視在解說中騰出空間，講清楚背景與來龍去脈。如果你經常收看或收聽我的節目，可能會認得我常用的一些句子：

- 這事件之所以重要的原因是……
- 要了解這個，我們首先必須記住……
- 所有這些都牽連到……
- 這不是獨立事件。
- 它的重要性遠超過事件的直接後果……

這些句子直指核心：幫助觀眾回答心中的問題——「為什麼這很重要？」

過去，我常報導利率變動、世界銀行新總裁上任或重複性的選舉，但卻忽略了這個基本問題。歐文的解說讓我體認到，無論是報導新聞，或在其他情境中的溝通，都必須直截了當地回答這個問題：這件事為什麼重要？

這具有多重好處：

1. **吸引觀眾注意：**當你能清楚地指出事件的意義，人們更可能專注聆聽。
2. **深化理解：**背景資訊讓觀眾不僅知道「發生了什麼」，還明白「為什麼這值得關注」。

來龍去脈對解說者本身也有幫助。如果你正在掙扎於某段內容是否值得詳述，或如何分配時間，來龍去脈可以提供答案。不是每件事都重要到需要詳述，如果連你自己都不覺得重要，觀眾必然感受得到。

理解來龍去脈的價值，讓我們不僅是傳遞資訊，還能進一步啟發思考。無論是主播、解說者，或任何形式的溝通者，背景是讓資訊真正具有力量的關鍵。

請你自問

為什麼這個背景資訊對聽者很重要？

即便我們已達到淺顯、必要細節、複雜性、效率、精確與來龍去脈這六項要件，真正卓越的解說還需要進一步確保不會造成干擾或誤導。這是對解說藝術更高一層的要求。

七、去除干擾

干擾是清楚表達的隱形殺手，即使你的解說包含了上述六項要素，也可能因干擾而讓傳達效果大打折扣。優質的解說要求解說者與聽者專注於核心主題，但我們經常在無意間製造分心，讓溝通變得難以理解。

我們對下列情況可能都不陌生，當我們在交談時，對方突然冒出一個我們毫無頭緒的名字或用語。

- 「我對山姆說他做不到那件事。」但聽者不知道山姆是誰。
- 「自從檢討那項計畫後，山姆就一直很生氣。」但聽者不知道那項計畫的背景。
- 「山姆就是利用詭辯（casuistical）來逃避。」但聽者不知道詭辯是什麼意思。（我曾在報紙社論看到這個陌生字眼，導致我無法理解整個句子。查了一下才知道是詭辯家（casuist）的形容詞。根據《牛津多語種谷歌大字典》（*Oxford Languages Google Dictionary*），這是「利用巧妙謬論來論證的人，尤其是在道德相關問題方面；一位詭辯家」。）

遇到這樣的情況，聽者會憑藉經驗瞎猜：山姆是誰？那計畫是什麼？「詭辯」又是啥意思？我們若是高估聽者的背景知識，在溝通中造成此等干擾，不僅聽者理解困難，他們也可能認為自己並不是你的目標受眾，進而忽略你。

要避免這種「語言迷霧」，我們必須把聽者的知識水平放在心上。

我稱此為我的「NATO法則」。我在報導中經常提到NATO——北大西洋公約組織，成立於一九四九年，由美國、加拿大和英國等多個西方國家組成的軍事聯盟。NATO一直是重大新聞事件的焦點，無論是西方國家在二〇二一年從阿富汗撤軍，還是對俄羅斯二〇二二年入侵烏克蘭的反應，NATO都扮演了關鍵角色。

NATO對一些人來說是熟悉的，但對其他人可能是陌生的。我們在溝通任何主題時，聽眾的背景知識會有所不同，而這對溝通成功與否至關重要。

為此，我遵循一個簡單原則：要嘛解釋清楚，要嘛根本不提。如果時間有限，我會精選最必要的參考資料。稍後我們會深入探討這些決策，但首要原則是，任何引起理解障礙或分心的內容，都應該避免提及。這就是我的「NATO法則」。

接下來，我將分享一個完美案例。

我的故事

在寫這本書的同時，我也在收聽BBC的Podcast「拉撒路大劫案」（The Lazarus Heist），這是一個關於北韓網路犯罪的報導，其中一集講述了一名駭客如何闖入孟加拉央行，險些盜取十億美元。

該節目的共同主持人之一，記者傑夫．懷特（Geoff White），詳細描述了調查人員如何將調查重點聚焦於央行的內部電腦系統，並發現了一部特別可疑的電腦，這部電腦用於運行名為Swift的系統——一個全球銀行間金融電信協會的網絡。

當我聽到Swift這個詞時，第一反應是：這是什麼？但隨後懷特補充道：「我們

> 需要花幾分鐘來解釋Swift，因為它對這個故事至關重要。」接下來的解釋，無縫地融入了故事情節，沒有打斷故事的節奏，反而讓它更加引人入勝。不僅使我對Swift本身產生了興趣，也讓我對整個事件的背景有了更深的理解，甚至激起了我對更多相關報導的渴望。

判斷哪些字詞需要解釋，哪些不需要，是一項重要的技能，因為它直接影響到我們傳達訊息的效果。為了解決這個問題，我將字詞分成四類，以下列舉一些例子，假設我正在面對全球觀眾報導新聞：

一、輔助性字詞：例如「這個」、「那個」、「然後」等。這些字詞大腦幾乎無需耗費能量去理解。

二、已知的字詞：例如「美國」或「二次大戰」等，大多數人都能輕鬆理解。

三、一知半解的字詞：例如「通貨膨脹」或「比例代表制」，這些詞彙雖然聽過，但理解並不深入。

四、完全不懂的字詞：例如「休閉」（proroguing）議會，絕大多數人無法理解。

哪些字詞屬於哪一類，取決於你所面對的觀眾。我們需要特別關注最後兩類。對於「一知半解的字詞」，我通常會這樣說：「你們當中有些人可能已經知道……」這樣既能不讓已熟悉的人感到自己多餘，也能提醒尚不了解的人注意。文字的選擇至關重要，正如我們要避免使用複雜術語來彰顯自己的聰明，引用參考資料也應避免過度複雜的表達，才能真正讓訊息順利傳達。

「NATO法則」針對的是言語上的干擾，而我還有一條「外部來源法則」，專門解決視覺上的干擾。

在報導中，我會用「外部來源」的模式來構建故事，並確保每一張影像都直接呼應我所講的內容。但我們常見的情況是，電視新聞中的畫面只是形式上的背景。例如報導戰爭，畫面可能是籠統的戰爭場景；談到運輸政策，則會展示巴士或火車。這樣的畫面容易造成問題：首先，觀眾覺得畫面缺乏看點，降低了對故事的興趣；其次，它容易分散注意力。

因此，我們對於表達所使用的影像、圖片等視覺輔助必須嚴格把關：唯有當它們與內容緊密相關時，才會展示，而且是在講者明確提及的時候才出現。這樣的視覺輔助才能強化你的表達，而不是分散觀眾的注意力。

根據我的經驗，讓觀眾同時處理不同來源的資訊是一種冒險。即便我們可以快速在不同訊息之間切換，但很難做到真正的同時處理。

不妨回想一下，你有多少次在研討會或觀看YouTube影片時，因為畫面上的過多信息而分心。我最近面試一些求職者時，也碰到類似情況。他們的想法很出色，但當他們展示一張含有大量訊息的簡報時，我不得不忽略簡報上的文字，才能專心聽他們講解。影像應該強化你的表達，而非分散聽者的注意力。

請你自問

我的表達有任何口頭、書面或視覺上的干擾嗎？

清楚表達能夠最大限度地減少干擾，提升邏輯的流暢性，並且精確、簡潔地傳達關鍵資訊。除了這些，還有三個關鍵要素，其中最基本且重要的第一點是：如果沒人願意聽你說話，其他一切努力都將無濟於事。

八、引人入勝

二〇〇二年，BBC將我調至第五直播台的一個節目《徹夜未眠》（*Up All Night*），這個節目的挑戰是要填滿凌晨一至五點的時段。這段時間的收視率很低，幾乎不會引起上級的關注，但有一次，我們被召進總監辦公室參加一場「受眾簡報」。

當時，我只是初階製作人，幾乎沒有機會踏上總監辦公室的樓層。我們聽了整整一個小時，詳細了解受眾為何收聽節目。雖然多年後我已忘了大部分內容，但有一項我始終記得。

當時，BBC使用一種現場聆聽系統進行受眾研究。聽眾手中有一個旋鈕設備，預設值為零。當他們聽節目時，若喜歡，便將旋鈕向右轉，若不喜歡則向左轉。經過一段時間，研究人員便能獲得聽眾對節目的反應，這種方式也常用於候選人辯論節目中製作圖表，隨著觀眾反應的變化，顯示對候選人支持度的起伏。

當時的展示讓我深刻感受到，數據不僅僅是數字，它揭示了節目中真正吸引與失去聽眾的時刻。節目中總有一些片段讓聽眾的關注度逐漸消退。

這段經驗啟發了我對表達的深入思考，尤其是在數位時代，聽眾的反應更為無情，且有血淋淋的數據佐證。這迫使我不斷檢視自己的表達：我究竟在哪些時刻讓聽眾失去興趣？我的表達是否清晰、有焦點？我有足夠的理由讓他們繼續聽下去嗎？這些問題適用於各種形式的溝通，無論是影片、演講、簡報或文章，我們都必須維持觀眾的注意力。

我已習慣採用「旋鈕測試」來檢視表達，幫助我維持一貫水準並發現自己的弱點。

我的故事

二〇二一年，我貼出一部影片，是關於唐納・川普（Donald Trump）在二〇二〇年與塔利班（Taliban）達成協議，進而造成喬・拜登（Joe Biden）決定自阿富汗撤軍的報導。這部影片成功地在推特上吸引超過百萬的點閱率。但是該部影片其實很容易就成為失敗之作。

在錄製了一個版本後，我當天的編輯安德魯・布萊森（Andrew Bryson）就插手干預。他堅持影片中間有一段失去焦點。在製作人湯姆．布萊達（Tom Brada）的帶領下，我們回頭進行多次檢查、移除一部分、增加一部分、在各個元素間進行篩選。我們關切的重點不是影片長度，這是一次旋鈕測試。說明是否太冗長？是否哪個段落沒有重點？這個資訊是重要或只是有趣而已？內容是否會讓人失去興趣，甚至甩頭走掉？

我在影片中增添了一些細節，但是安德魯堅持這些細節不會吸引觀眾、安排得不恰當，而且也不重要。他說得沒錯，他指出了其中的弱點，我們後來推出的就是他建議的版本。我們所放棄的資訊都是無關緊要的。影片推出後造成轟動，就是安德魯確保它通過旋鈕測試的最佳證明。

如果我們沒有進行測試，就可能在某個片段失去觀眾的注意力。一旦失去他們的關注，我們無法保證他們之後會重新集中精神。一個小小的偏離就可能破壞整體的效果。旋鈕測試的價值，正是在提醒我們保持內容的吸引力，確保觀眾的注意力不會中斷。

請你自問

是否有導致受眾注意力動搖的時刻？

維持人們注意力的技巧有很多，其中一個最有效的方法，就是精準地回答觀眾心中可能存在的疑問。當你能夠預測並解答他們的問題，觀眾會感覺到被理解和尊重，從而更專注於你的內容。

九、提供助益

最好的溝通應該對聽眾有所幫助。我習慣事先擬一張清單，列出我認為聽眾可能會有的疑惑。只要能解答這些問題，不論對象是誰，他們對你發言的興趣就會大大提升。

我的故事

二〇一九年末與二〇二〇年初，澳洲遭遇嚴重的野火。當時在我們最資深的製作人中，有一位是前ABC記者考特妮．班布里奇（Courtney Bembridge），她非常熱中於報導此一事件，我們連續報導了好幾週，並且製作了一系列的影片。我們所選擇的主題，都是建立在人們對這些火災會有什麼疑問與反應。例如：

- 總理史考特・摩里森（Scott Morrison）關於氣候變遷的聲明，是否與其黨內成員的發言相符？
- 預防性減災焚燒（hazard reduction burning）行動無法持續執行，是否為這些火災的起因之一？
- 這些火災是否由縱火所引起？
- 煤礦業是否影響了澳洲對這些火災的反應？

我們根據清單製作的影片，致力於清楚回答我們認為大眾會提出的問題。這些影片也因此被瘋傳。

無論溝通採用何種形式，如果你是在回應對特定資訊的需求，對你和受眾雙方都是有益的。

預測人們希望從你這裡得到什麼資訊，並事先準備好答案，能幫助你條理清晰地傳達引人入勝的內容。不僅能增強人們對你的信任，也能讓他們更專注於你的表達。

請你自問

我是否回答了聽眾可能會有的疑問？

最後還有一項要件，用來確保達成上述九點的表達不至於前功盡棄。

十、目的明確

從失敗經驗中，我學到一個重要教訓：如果你自己不確定該做什麼或說什麼，別人一定會察覺。我在《獨立報》的面試就嚐到這個苦果，當你失去方向，重新找回說話的動力和聽者的注意力就會變得極為困難。所以，我現在的策略是提前避免這種情況發生。

我的故事

我在九〇年代初期還只是一名青少年，和其他許多年輕小夥子一樣，迷上了舞曲。我最初對現場演出錄音帶的狂熱消費，後來演變成對黑膠唱片的蒐集習慣，於是到了我在大學的最後一年，房間裡已有兩具唱盤與一部混音器；抽屜櫃上還堆了一疊唱片，我也展開了我的ＤＪ事業——不過我必須承認，我的事業初期主要都是在我的臥室裡。

十年後，我受邀擔任一場攝政公園（Regent's Park）的活動ＤＪ。該活動為樂團準備了一個大舞台，素食漢堡與可麗餅的攤位，以及一座放了音響設備的帳篷。

然而，我對群眾會是什麼樣子毫無所知，也不知道他們偏好的音樂。我仍保有以前自選曲目製成的光碟。它們分別都是很棒的歌曲，但串在一起並沒有什麼邏輯。我用兩、三首歌曲試水溫，再用一首歌曲試圖讓群眾放鬆，但我似乎播放什麼都無關緊要，群眾只沉浸在活動的熱鬧氛圍裡。我不知道自己該做什麼的不確定感，一直纏繞著我，使自己大感心虛。相反地，如果群眾對播放的音樂大有迴響，我一定會非常開心。

在攝政公園活動結束幾天後，我的大女兒愛麗絲出生了，我的ＤＪ生涯也到此為止（直到最近才令人難以置信地回歸）。我深刻體認到，如果你不確定自己的目的何在，僅管機會降臨，你也可能錯失良機。隨著我愈來愈專注於表達訓練，明確目標的重要性更是不言而喻。無論音樂或文字，若缺少目的，很容易就落入我在攝政公園表演時的那種感覺——手中握有大把材料，卻不知道該端出哪幾樣。

如今，這一準則已深深融入我的表達方式，我會聚焦於：整體的目的，以及如何讓每一句話都緊扣這個目的。儘管聽起來顯而易見，但我們經常被資訊的趣味性迷惑，結果在溝通中塞進無關的內容，最後失了焦。我採用一個有效的測試來檢視每一個環節，問自己：「這是否支持我的目的？」在去除所有無關的部分後，留下的內容會更具連貫性與影響力。這就是為什麼我幾乎每週都問同事：「我們真正想說的是什麼故事？」當所有資訊緊密圍繞著單一目標，就能締造一次高效的溝通。

請你自問

最重要的是，我想要傳達什麼訊息？

本章一點通——快速察看

無論何時進行溝通，都要牢記這十項要件。起初，你或許需要刻意提醒自己這些原則，但隨著時間，它們將融入你的溝通本能，成為自然而然的習慣。這就像運動訓練——掌握技巧只是第一步，關鍵在於持續的實踐。我至今仍使用這些要件作為檢查清單，幫助自己不斷精進。

一、淺顯：這是我所能表達的最簡單方式嗎？

二、重大與必要的細節：哪些細節在這次解說中是不可或缺的？

三、複雜性：這一主題還有哪些部分是我不了解的？

四、效率：這是我能表達的最簡潔方式嗎？

五、精確：我說的內容確實是我要溝通的事嗎？

六、來龍去脈：為什麼這對我的聽眾很重要？

七、去除干擾：我的表達有任何口頭、書面或影像上的干擾嗎？

八、引人入勝：是否有導致聽眾注意力動搖的時刻？

九、提供助益：我是否回答了聽眾可能會有的疑問？

十、目的明確：最重要的是，我想要傳達什麼訊息？

下一步，我們要把焦點轉移至你的溝通對象。

Chapter

2

認識你的受眾

不管是經營企業、製作節目，還是對一群人做簡報，成功關鍵都在於了解你的目標對象。然而，我們往往忽略了這一點，未能根據對象是誰調整溝通方式。精進表達能力的第一步，就如同經營生意要先了解目標市場，你也需要先認識你的受眾。

每次有談話的場合，我都會停下來問自己：「我對這些人了解多少？」如果答案不夠理想，我會進一步查詢或直接詢問。成功公式其實很簡單：對受眾了解得愈多，溝通就愈精準、愈有效。

無論是工作面試、做簡報或發表演說，以下五個問題能幫助你起步。

一、目標：我是在跟誰談話？

在每次發言前，我都會弄清楚受眾的背景。在會議上，誰會出席？在學校，有多少學生參加？年齡多大？主修什麼？在公司，參與者是哪些職員？職位為何？甚至預約就診，我也會先了解醫生與護理師的專業。

了解對象是成功溝通的基石。即便只有五分鐘準備、臨時要與BBC高層開會，我也會擠出片刻思考：他們是誰？職位是什麼？為何要聽我的意見？我又能從他們那裡獲得什麼？我會在短短六十秒內迅速擬出一份「速寫」。雖然簡略，但足以應急（詳見第五章之快速的口頭溝通）。

認識你的受眾，無論場合為何，都能讓你手握主導權。

二、知識評估：他們知道多少？又想知道什麼？

你很難完全掌握受眾的知識水平，但做些基本評估要比毫無頭緒好。受眾愈大、愈多元，這項工作就愈困難，但哪怕只得到一點線索，都有益於你調整表達方式。

當我對聽眾所知甚少，我會當場直接發問，邊了解邊微調發言。大多數人不會介意你這麼做，尤其當你展現出對他們的興趣、試圖讓內容貼近他們的需求。要小心的是，別問那些顯而易見、能輕鬆查到的資訊，否則只會露出你事先沒做好功課的馬腳。

除了考量受眾知道多少，也別忘了問自己：他們想知道什麼？從前述的澳洲野火影片例子不難看出，切中需求的信息才會有效果。

回顧我過去擔任英國航空公司（British Airways）機上廣播撰稿人的時代，我顯然沒有問自己這些問題。那是早在智慧手機問世之前，如果你不喜歡飛機上播放的唯一一部影片，你可以插上隨著一小管牙膏與眼罩附送的耳機，然後轉到多個「廣播站」，收聽重複播放的錄音節目。其中一檔節目由ＢＢＣ約翰・威爾遜（John Wilson）主持，我每集挑三個風俗文化主題，跟他聊上十五分鐘，聽起來應該很有趣吧？

理論上是的，實際上……卻是個大失敗。飛機上的旅客想聽關於某地摘櫻桃慶典或國際鋼琴節的詳盡分析嗎？恐怕不會。他們需要的是輕鬆有趣、打發時間的內容，而不是讓自己資訊過載。我蒐集了太多細節，生怕有遺漏，結果導致內容過於繁雜。

有一次，我把十五分鐘的心血結晶傳給朋友喬試聽，他聽完後挖苦地說：「內容也太多了吧，老兄。」沒錯，我的解說就像是一鍋資訊大雜燴。我在那事業早期階段，缺乏自信而不敢有所取捨，導致機上乘客飽受填鴨式節目的折磨。如果你曾坐過那些班機，我為內容太過繁雜向你道歉。

經驗教會我，只要對受眾的知識水平與需求有所了解，就能製作更相關、更有價值的內容。提供適合受眾的訊息，是最好的溝通策略。

三、量身打造：受眾喜歡如何接收資訊？

除了BBC，許多組織也會投入大規模的受眾研究，詳細分析不同年齡、背景的群眾如何接收信息，並據此為各族群量身打造內容與溝通方式。這些研究需要耗費大量時間與資源，但它們的價值毋庸置疑——更精準的溝通才能帶來更大的影響力。

同樣地，儘管你是跟少數人甚至單一個人交流，也要對此投注心力，否則，你的努力可能因為對受眾不夠了解而功虧一簣。以下是發生在我職業生涯中的重要例子，讓我深刻體會到這一點的價值。

我的故事

從二〇一三到一八年，BBC新聞台的總監是詹姆士・哈定（James Harding）。他是一個充滿活力的人，總是挽著袖子，襯衫扣子也比別人少扣一顆，給人一種隨性又強勢的印象。他熱切與人互動，但注意力很容易飄走。正如一位同事曾形容的：「詹姆士總是衝在最前面，然後再回頭看看ＢＢＣ是否跟得上，而答案是——很難每次都跟得上。」

在這樣的背景下，與他單獨會面是很難能可貴的機會。二〇一四年，我爭取到了這樣的機會：十五分鐘！用來討論調整我主持的節目以及我對串流新聞節目的構想。

會面前，我針對兩個主題各準備了簡短說明並多次演練。但我還不滿意，於是回想起詹姆士的行事風格——他抓重點的速度極快，如果覺得內容已經了解，就會立刻切換話題。基於對他的認識，我進一步精簡內容，放棄一些非必要的細節，只保留最關鍵的資訊。每次演練，我都問自己：「這真的必要嗎？」

實際會面時，我僅有四十五秒談論我的節目，九〇秒談論串流媒體。當九〇秒結束時，我感覺到詹姆士有話要說。幾週後，我的節目調整獲得批准，串流媒體的嘗試也得到了支持。

這次經歷證明：了解對象、篩選關鍵資訊、考量時間限制，並預判哪些地方最容易失去對方的注意力，都是成功表達的核心。我所花的心思得到了回報。

無論面對大規模群眾或單獨的個人，對受眾如何接收資訊的了解愈深入，我們就愈能精準規劃訊息的傳達方式，更有效地吸引和維持他們的注意力。接下來的關鍵是確保我們的訊息具有針對性，真正符合受眾的需求與期待。

四、針對性：如何讓受眾知道這是專為他所準備？

如果某樣東西是專為你準備，你一定會更加留意。我們是住在一早醒來資訊就如海嘯般襲來的世界，必須時常（往往是無意識地）決定要把注意力分配到哪些地方，哪些則不予理會或不予關切。這就是我們必須努力贏得他人注意力的現況。我與詹姆士．哈定會面時，至少要讓他在那短短的時間裡聚焦在我身上。要贏得注意力最有效的方法之一，就是讓受眾知道你的內容是專為他準備的。

以電子郵件為例，我們每天收到的電子郵件數量之多已妨礙工作效率。光是查看與回覆電子郵件就是一項繁重的工作，儘管有多種線上溝通方式，電子郵件仍是職場最主要的訊息往返工具。然而，人們收到的電子郵件愈多，他們打開並閱讀你的信件的機率就愈小。這對企業是一個日益嚴重的問題，員工對每一封郵件的關注程度無可避免地下降。

我提出這一點，是因為我為了讓收件人回信下了一番工夫。我進行了一項實驗，在常見的「年度預算」、「行銷問題」或「下週會議」等電子郵件主旨之前，加上對方的名字：「嗨，黛安娜」、「嗨，沙欽」、「嗨，安德魯」。在絕大部分的情況下，這樣的改變確實收到效果。收件人甚至還沒打開電子郵件就知道發信人是我，而這封郵件是專門給他的。

這番努力為我帶來的好處不僅限於電子郵件往返，我如今無論何時需要進行溝通，都會把此一原則謹記在心：讓對方感覺你是直接在與他對話，他就會更加注意與願意給予回應。

我的故事

當人數愈多，讓每個人感覺你是在和他們對話就愈困難。在BBC國際頻道主持叩應節目時，我學到了一些技巧，幫助我提升聽眾的參與度。

我們每天設定一個全球性議題，邀請聽眾參與討論。儘管國際頻道擁有來自奈及利亞、肯亞、牙買加、美國、英國等地的廣大聽眾，反應並非每次都很熱烈。

最初，我常提出開放式問題，例如：「讓我們知道你的想法」、「你希望政府怎麼做」，或「抗議群眾要求總統下台是否合理？」結果反應平平，這是因為一個問題無法同時打動地理、文化背景迥異的聽眾。

我逐漸察覺其中的模式，開始引導問題。例如，當主題與烏干達和肯亞相關時，單純問「這是誰的錯？」回應通常很冷淡；但如果前頭加上一句：「如果你是在烏干達或肯亞收聽我們的節目」，再問相同的問題，聽眾的回應就顯著增加。

這個方法也適用於全球性議題。例如在談氣候變遷時，我不再問籠統的問題，而是具體地說：「如果你是美國聽眾，你希望你的政府怎麼做？」或「如果你是澳洲聽眾，氣溫上升對你有什麼影響？」當問題明確指向某群人時，他們更容易覺得被關注，參與度也隨之提高。

這是知名主持人經常使用的技巧，例如施萊·福加蒂（Shelagh Fogarty）、伊恩·戴爾（Iain Dale）與史蒂芬·諾蘭（Stephen Nolan）。他們的祕訣就在於直接跟想得到回應的人對話，讓問題變得個人化。

一旦開始針對目標受眾量身打造訊息，你會發現這個技巧幾乎適用於所有場合。我經常受邀在研討會或新聞組織發表演講，面對各行各業的多元聽眾，我的策略是先了解在座的人是誰，然後直接鎖定特定群體，比如：「對製作Podcast的你們來說……」、「對專注於長片製作的你們來說……」、「對現場直播團隊的你們來說……」。

若是在大學發表演說，而現場多為歷史系學生，我會說：「我知道你們研究歷史，我接下來的重點與你們如何蒐集資訊息息相關。」這種做法讓聽眾感覺他們被看見、被重視，彷彿內容是為他們特別準備的。

這其實類似搖滾樂團演出的模式。當樂團主唱喊出「誰是從曼徹斯特來的？」或「哈囉，台北！」聽眾總會響應熱烈。這種點名式的交流傳達了這樣一個訊息：「我知道你在這裡，很高興你來了，接下來的一切都是為你準備的。」

在推動五〇：五〇計畫時，我選擇直接與參與者交流，親自撰寫電子郵件，參與數不清的小型編輯會議，與編輯、製作人進行一對一討論，甚至反覆溝通細節。雖然費時費力，這種個人化的交流對計畫初期的成功至關重要，尤其是在成敗未卜的情況下。這就是你針對受眾進行專屬他們的溝通，與他們投入程度之間的正向關係。

在確保了內容針對性強、受眾感興趣之後，你還有一個潛在挑戰：如何讓受眾相信你的真誠與專業。這正是成功溝通的下一個關鍵所在。

五、相信傳信人：你如何才能受人信任？

要讓別人信任你在某一主題上的觀點，信譽是關鍵。如果你缺乏公信力，受眾對你所說的話就難以全然接受。

單口喜劇是一個特別殘酷的信譽競技場。對已成名的明星來說，觀眾買票入場，自然相信他們會搞笑，這種信任甚至在表演開始前就已經建立。而對新手喜劇演員而言，情況截然不同。當他們首次登台，觀眾對他們毫無所悉，氣氛可能緊張甚至冷淡，直到第一個笑話成功逗樂觀眾，信任才會逐漸建立。隨著笑聲增多，演員的可信度也愈來愈強，演出氛圍愈來愈輕鬆。

這種情況也發生在其他各種場合，當一位新人面對陌生的受眾時：

- **訓練師對一群學員：**需要證明自己對課程內容的掌握。
- **老師對一班學生：**得展示教學能力和親和力。
- **教練對一支球隊：**要讓球員相信他的戰術與策略。
- **部門主管對員工：**需要讓團隊信服他的領導能力。
- **專欄作家對讀者：**得用文字吸引並說服讀者。

信譽有時來自個人或組織已建立的名聲。例如，一家知名品牌推出新產品，消費者可能會因過往良好的體驗而信任它。但當這樣的背景不存在時，我們就必須從頭開始建立信任。了解如何呈現出信譽，能讓我們在溝通中更有說服力。

1. 展示與受眾的共同經驗

在五〇：五〇計畫中，我們的目標是推動媒體內容的多元性。向記者和製作人推廣這一計畫的，正是同為記者和製作人的我們。當有人質疑計畫的可行性，表示：「這對我們很困難。」我們就能以切身經驗回應：「我們理解這些難處，因為我們也曾經歷過。」這種共同的背景自然地建立了信任。

2. 展現知識與專業

當你與受眾交談時，他們可能對你一無所知，甚至認為自己比你懂更多。在這種情況下，你需要用清晰的邏輯、可靠的數據和深入的解說來證明自己。例如，引用具體案例或提供實用建議，能迅速提升你的可信度。

3. 採用適當的語言與態度

語言和態度是贏得信任的重要工具。如果你的語調充滿權威又不至於顯得傲慢，受眾會更傾向接納你。

4. 承認自己的局限

有時候，坦承自己對某些領域並非全然精通，反而能贏得受眾的尊重和信任。這種坦誠讓人感覺你更真實。

當你能有效展示你的專業、同理心和真誠時，受眾自然會被你打動，願意傾聽和回應。

我的故事

當我在二〇一九年思考我的「解說影片」計畫時，它們只不過是潦草寫在三、四頁紙張上的構想，能否落實都還在未定之天。我後來之所以能夠讓其實現，有一部分是仰賴我能在觀眾與同事眼裡建立多少信譽。

回顧過去的電子郵件往返，我尋找到我推行此一構想的說法：

「我想人們最想要的，是清晰透徹的解說、高品質的資訊、一針見血的分析與指出謬誤的勇氣，並且是以真誠、權威與高效的方式為之。我認為我們做得到。」我在最後強調：「人們往往認為你無法在新聞快報中辦到這樣的事情，而且也無法保持公正。但是我們可以。」

相較於ＢＢＣ通常製作的節目，這項提案頗為特別，與一般的新聞分析與解說大不相同。它要求主播既要報導新聞，同時還要進行分析。它在執行上還要採取一種更為直接的方式——我當時的同事蓋文・艾倫（Gavin Allen）將其稱為「堅定的公正性」——但是這樣也帶來額外的信譽風險。更別提我也無法保證觀眾與我的同事會喜歡這樣的節目。

兩年之後，我們的影片大受歡迎，衝上數百萬點閱率，《星期日泰晤士報》（*Sunday Times*）的羅莎蒙・厄文（Rosamund Urwin）稱其為「報導的新流派」。然而這樣的成就並非只因為我有了構想，判定可行，然後就埋頭猛衝。相反地，在這兩年期間，我一直在我最重要的兩大群眾——ＢＢＣ同仁和觀眾——之間，苦心建立信譽。我將這個過程概述如下。

評估我的初始可信度

在二〇一九年，我認為自己算是ＢＢＣ新聞台的一名中階主播。觀眾可能因為我使用的是一面大型觸控螢幕而更加認識我。我在推行解說影片所面臨的挑戰，是人們對ＢＢＣ新聞電視主播都抱有某種期待，我卻是特立獨行。

我必須向同仁與觀眾保證，我的計畫並不會破壞ＢＢＣ新聞部的公平與公正性，並彰顯我為何是做這件事的好人選。

向多位同事請益

我開始與需要爭取他們支持的人展開對話：電視編輯、部門主管、節目製作人，以及新聞網站的同事。這些對話不是一次性的，而是持續進行。我清楚解說構想，細心聆聽他們的看法，並虛心接受建議。一方面是在建立可信度，另一方面也藉此讓構想更加完善。

開發一套作業程序

製作解說影片時，我會將每部腳本交給幾位資深人士過目，並確保每個主題都經過專家審核。若有任何疑慮，我們就不會拍攝。影片的順利完成，歸功於許多才華橫溢的同事，他們的支持與信譽也成為產品的一部分。

影片發行後，我將它分發給ＢＢＣ的資深經理、編輯和記者（即使他們未參與製作），徵求他們的意見。這不僅讓大家了解我的工作，還有助於改善產品，並顯示我雖然在嘗試新事物，卻仍在ＢＢＣ的框架內。

最初，影片僅在我的節目和推特上發布，但幾個月後，更多ＢＢＣ平台開始對影片有興趣。如今，ＢＢＣ的所有節目都在使用這些影片。這一切奠基於我的信譽、製作團隊的努力以及產品本身的可信度。

與受眾對話

我也積極與觀眾溝通。影片剛推出時，許多人感到驚訝，這些反應通過社交媒體或電子郵件傳到了ＢＢＣ。不論是負面批評或正面回饋，我都親自解釋我們的做法。隨著影片陸續推出，觀眾的驚訝轉為期待。隨著愈來愈多部影片獲得好評，也保持了公正性，我在觀眾心中的信譽也逐漸提升。

透過每一次的表達累積信譽

上述一切都是長期的工作，需要在同事與觀眾間經年累月地建立信譽。你或許會想：「如果情況不容許我長期建立信譽呢？」在很多場合，你的溝通對象對你毫無所悉。面對這樣的情況，我會依照一張信譽檢查清單來確保自己值得信任：

1. 我在對方眼中有可信度嗎？我該如何讓對方對我產生信任感？我需要呈現什麼樣的形象來達到這個目標。
2. 我需要讓誰相信？我的受眾是一個整體，還是可以分成不同的群體？對每個群體而言，我能否列舉過往事蹟在短時間內取得他們的信任？
3. 我的經驗與知識能如何加強我的信譽？我是否能自信且準確地進行討論？

我在幾年前讀過一篇關於面試建議的文章，其中的核心觀點也與信譽有關：思考面試官會以什麼理由拒絕你，然後想辦法解除他們的疑慮。

這些概念無論是在單一情境（如面試）或長期過程（如推行構想、經營事業、行銷產品）都同樣適用。關鍵是要自問：我的信譽不足之處在哪裡？然後針對這些弱點採取行動來補救。

本章一點通——快速察看

本章旨在幫助你不僅考慮「說什麼」，還要想到「對誰說」。以下是五個核心概念的重點：

一、目標：我在與誰對話？

二、知識評估：他們對這個主題了解多少？又想知道什麼？

三、量身打造：他們偏好如何接收資訊？

四、針對性：如何讓他們感受到內容是專為他們設計的？

五、相信傳信人：如何建立並維持自己的可信度？

Chapter

3

清楚表達七步驟

本書截至目前所談及的理論，有些可能特別觸動你，記住它們並在需要時善加運用。書中有些例子可能與你的工作領域沒有直接相關，但它們會對你的表達產生潛移默化的影響，進而實踐在自己的情境中。

隨著對理論的熟悉，它們會慢慢融入你的日常，幫助你形成表達的標準模式。接下來，我們將利用這些基礎建立一套「清楚表達七步驟」。這套系統不僅實用且靈活，還能應對各種不同的情況。當你為面試、簡報、演講或口試等重要場合做準備，這套系統更能體現它的價值。

我們開始吧，這套步驟是這樣的：

一、策劃
二、蒐集資訊
三、篩選資訊
四、架構資訊
五、串連資訊

六、濃縮

七、傳達

這些步驟看似簡單，卻是成功溝通的核心。我們接著逐步展開說明。

第一步：策劃

首先，假設你即將在某個特定場合與聽眾溝通，這些場合可能包括申請學校的口試、推介會、演講、授課或工作簡報，這些情境允許你事前充分準備，本書稍後也會討論如何應對臨場表達的場合（如會議）。

策劃的第一步是回答以下關鍵問題：

- 你希望傳達什麼？

  嘗試用一句話概括你的目的。如果難以精簡，可以先寫下一個段落，然後逐步濃縮至一句話。清晰的目的有助於你之後的每個決策。

- 對象是誰？

  簡單描述你的受眾。

- 受眾的知識水平是否一致？是或否。
- 如何評估他們對此主題的了解程度？提出幾個具體觀察或假設。
- 他們希望從中得到什麼？用簡短的句子總結。
- 受眾可能有哪些特定問題需要回答？條列出重點。
- 他們偏好接收資訊的方式為何？若可能，請進行簡單的分析。

上述問題的答案是你在進行策劃階段的基礎。如果你無法立刻回答某些問題，代表你對受眾不夠了解。我們進一步思考下列問題：

- 如何獲取更多相關資訊？

列出數個可行的管道。

- 溝通場合為何？

請用一句話描述。

- 是否有時間限制？

限定時間或篇幅。

我的示範

我曾在一所新聞學院發表演講，下列是我的問答。

- 對誰演說？

——大約三十位的新聞系學生。

● 他們在知識水平上是否一致？
——是的。
● 如何評估他們對這項主題的了解程度？
——對新聞工作與媒體業有濃厚興趣，但仍在學習其中的實用性與原則。
——對新聞很感興趣，都知道重大新聞，但不一定知道其中細節。
● 他們希望從你這裡學到什麼？
——有關新聞與媒體工作的看法與心得。
● 有哪些特別的問題需要回答？
——我如何成為一位新聞記者。
——我的解說影片是如何製作的。
——我如何避免把個人意見摻入我的報導之中。
● 能否知道他們喜歡以何種方式接收資訊？
——並不完全確定，不過他們都想學到新知。我的內容必須更為具體，盡可能提供更多的重點。清楚標明重要的部分，讓他們容易吸收與理解。

- 能否完全回答上述問題？

——不能。

- 能夠設法找到更多相關資訊嗎？

——我會寫電子郵件請教籌辦這場演講的老師，幫助我更加了解他們的課程、他們研究的專業與對哪方面的內容感興趣。

- 是在哪裡舉辦？

——校內的一所演講廳。

- 是否有限定時間？

——四十五分鐘。

大多數時候，回答這些問題只需短短十分鐘。乍看之下，你可能覺得答案明顯到不值一問。然而，正因為這些問題太基本，人們往往忽略而沒有仔細思考。策劃的本質在於幫助我們釐清目標，了解自己正在做什麼。如果這些問題的答案很快浮現在腦海，那很好，它們不

會浪費你的時間；反之，它們能激發你更多想法，讓你更篤定自己的準備方向。

溝通總是在特定的環境與目標下展開，策劃的意義就在於確保我們對這些背景有清晰的認識，避免迷失方向，進而提升表達的精確性。

請你自問

你對上述關鍵問題的答案感到滿意嗎？

如果是肯定的，那我們開始蒐集資訊吧。

第二步：蒐集資訊

無論你對內容主題是否熟悉，啟動一個準備過程不免讓人感到壓力。即便我的工作長期圍繞在播報和解說，面對新的挑戰，仍免不了那股「山腳仰望山頂」的遙遠感：要從何處開始？我能成為這領域的專家嗎？我能清楚傳達訊息嗎？時間夠用嗎？

這種忐忑並不罕見——大學時寫歷史論文是如此，如今製作影片或準備演講亦然。但我學到了一點：深吸一口氣，放輕鬆。若你對主題很熟悉，例如介紹自己開發的產品，你定然已擁有大量可用的資訊。但若是面對全新領域，蒐集資訊的方向就很重要，可以從下列問題著手：

- **我要聚焦在主題的哪一部分？**

草擬一份向聽眾溝通的重點清單。別擔心一開始有偏差或遺漏，蒐集資訊是一個摸索過程，隨著準備過程的推展，你的方向會愈來愈清晰。

在擬定蒐集資訊的藍圖後，如果時間允許，現階段的素材是多多益善——後續刪減內容總比重新蒐集來得容易。

資訊的來源

蒐集資訊時，來源的選擇至關重要，因為它直接影響內容的正確性與可信度。我們應該從直接來源和可靠來源開始，建立可靠的事實基礎，再視需要引入專家觀點或背景資訊。我們在這個過程中要保持資訊的透明與可追溯性，以供後續有爭議時查證。以下是資訊來源的核心原則與實用策略：

1. 確立事實基礎：採用直接來源與可靠來源

- 直接來源：資訊來自於該領域最具權威與第一手資料的單位或專家。例如：企業官方網站上的資訊或公告；氣象局提供的氣象資料。

優點：真實性最高，提供主題的核心數據。

- 可靠來源：資訊雖然不是出自原始來源，但由有公信力的中間單位提供。例如：工商團體或權威媒體所做的商業分析。

優點：基於過往記錄，這些資訊來源通常準確。

2. 核實資訊的背景與正確性

- 審視引言的背景：當使用引言或重要數據時，必須確認這些資訊在原始語境下的含義。例如，引述一段演講的句子，要了解該句話在演講全文中的角色，避免誤解或斷章取義。
- 核實資訊：確認引用資訊發生的具體時間、地點及相關條件。例如：一家企業執行長的就任日期，官方公告的資訊通常即可採用；但對其他重要的關鍵資訊就要更為謹慎，BBC國際頻道有一項頗令人稱道的規定：「雙重來源法則」——即透過兩個不同的可靠來源求證，可信度更高。可靠性可由來源的過往表現來評估。

你的問題清單

蒐集完資訊，確認完可信度後，下一步是準備回答聽眾可能會有的疑問。成功預測並回答問題，有助於提高你的說服力。可從下列角度擬列你的問題清單：

1. 聽眾可能不懂什麼？

設想聽眾可能會有的疑問，並替他們找答案。這些疑惑可能來自對主題的不了解，或你的某些內容需要釐清。以策劃階段列出的問題作為起點，持續擴充你的清單，確保自己能解答每個可能的疑問。你的清單愈完整，回答愈清晰，聽眾愈信任你。

2. 你自己不懂什麼？

忽視自己不了解的地方，只會帶來麻煩。誠實面對自己的不足之處，不懂的內容就記錄下來，供後續深入研究。

我的ＢＢＣ同事瑪麗．富勒（Mary Fuller）是這方面的翹楚。當她發現我們的解說影片交代不夠清楚，她總是會說：「再給我二十分鐘。」然後專注於處理問題，問題起因往往是我們對某些內容了解不夠透徹。調整後的最終成果並非是影片時間變得冗長，而是影片品質獲得提升。

3. 你的內容還有哪些不足？

回頭檢視是否遺漏任何重要內容，確保你想強調的重點都有足夠的資訊來支持。

這張問題清單將陪你走完整個準備過程，確保你的內容清晰、有條理，並且讓人信服。良好的溝通，從問對問題開始。

快速檢查

到了此一階段，我們應該已經具備以下條件：

- 主題與聽眾摘要：你要溝通的重點，對象是誰。
- 聽眾的問題清單：設想他們會有的疑問。

- 你的疑問清單：誠實列出自己還不懂或需要深掘的地方。
- 主題重點清單：核心觀點，條理分明。
- 相關資訊：論證有理有據，可以支持核心觀點。

如果上述條件都到位，你就已擁有溝通主題的「精華與原料」。至於這些零散的資訊如何整理，不用擔心——我們會在第三步驟搞定。

第三步：篩選資訊

我的家鄉是英格蘭康瓦爾，曾是全球錫礦業的霸主。在十八、十九世紀，當地的礦工技術遙遙領先，甚至遠渡重洋去提供專業協助。如今，礦場多已關閉，僅存一些供遊客參觀的遺跡。其中，位於北海岸懸崖上的吉沃爾錫礦場（Geevor Tin Mine）是一個典型代表。

礦場的核心是碾磨場，從地底開採出來的大塊礦石都是在這裡經過提煉成為小小的錫錠。在全盛時期，這裡機器轟鳴，人聲鼎沸，而今則是寂靜的博物館，除了遊客偶爾交談的聲音，滿是歷史的回音。碾磨場內的機器塵土飛揚，赤褐色覆蓋了一切，其中最重要的設備是「球磨機」。

球磨機是一具巨大的滾筒，內部裝滿鋼球，礦石放進去後被徹底粉碎，成為後續提煉的基礎。沒有球磨機，錫礦就無法從礦石中分離出來。這正如同我們篩選資訊的過程——去掉無用的雜質，只保留最相關、最重點的內容。

在這個階段，先別煩惱怎麼架構或安排內容，只要專注於篩選資訊。就像礦石，唯有經過「球磨機」這一道工序，才能過濾出珍貴的部分。

第一道篩選

篩選資訊的第一步，是確保資訊緊扣主題，捨棄不相關的部分。以下是具體程序：

1. 謹記你的「目的」

「目的」猶如指引方向的北極星。篩選重點不是內容多有趣，而是它有多相關。任何與你的溝通目標無關的資訊都應該要放手。

2. 問自己：它的價值何在？

進一步縮減保留下來的素材。聚焦於它提供的核心資訊，精簡多餘的修飾或描述。

隨著篩選的進行，你會發現核心內容逐漸浮現。事實、吸睛的短句、論點、引述、數據、圖表等，這些元素以最簡單的形式出現，成為你溝通的基礎。

篩選不僅是技術性的整理，更是一種深化你理解內容的過程。每完成一個階段的篩選，你會更加確定自己對主題的掌握與目標的定位。隨著資訊愈來愈精煉，你愈能辨識出其間的連結與模式，看到邏輯與結構的雛形，有利於後續架構內容的步驟。最初的資訊堆如今體積已大幅縮小——通常會減少一半，甚至更多。

這是一個緩慢卻穩健的過程。篩選後的資訊更簡潔、更有說服力，你也能更有自信地掌控溝通內容與呈現方式。

第二道篩選

經過第一輪的篩選，資訊已經精簡許多。我們接著再重複一遍篩選過程，這次會比第一次快上許多，重點是進一步聚焦，確保每個保留下來的內容都為你的目的服務，它們要能支持你的核心論點。如果你是參加面試，這些資訊能否證明你具備該職位所需的技能與經驗？如果你是撰寫報告，它們是否能支撐你的分析或加強說服力？無法符合你整體目標的資訊，就果斷刪除。偏離目標的趣味內容適合在餐會演說等非正式場合作為點綴，但在較為嚴肅的正式場合，我們就需要嚴格把關。

清楚表達的成功關鍵，來自對重要資訊與無關細節的區分。就像我在採訪重大事件時，每每面對著成堆的海量資料，就是經過如此的篩選程序，將資料縮減至我能掌控的規模，我播報的信心也隨之增強。

請你自問

- 你需要的資訊是否仍有空白？
- 如果有，重複第二與第三步驟來填補空白。
- 你的問題清單是否需要擴充？
- 資訊是否全都以最簡單的形式呈現？

經過前三個步驟，我們已建立了穩固的溝通基礎：

- 清楚了解主題。
- 認識目標聽眾。
- 完成資訊篩選，排除不相關的部分。
- 保留的資訊對自己和聽眾都有實際作用。

然而，這些資訊唯有透過合理的架構安排，才能展現出真正的價值。表達不僅是提供資訊，更是創建一個能賦予資訊意義和相關性的框架。這正是第四步的主要工作。

第四步：整理資訊

進入這個階段，我們對主題已有清楚的認識，有利於組織保留下來的資訊。接下來，我們需要確認所謂的「溝通主線」。

主線是溝通的核心脈絡，我用它來區隔主題的不同面向。對我而言，故事與論據都有主線，溝通自然也有主線。

有時候，主線會在你思考時自然浮現；有時候則需要刻意挖掘，我們先將所有的可能性列出來。

製作主線清單

主線未必只有一條，將你腦力激盪後的結果製成一份清單，為每條主線取一個簡潔明瞭的標題，供後續進行調整。

我的示範

寫這本書時，我有一個重要的醫療約診，這是近六個月來的一個關鍵檢查，結果至關重要。為了避免臨場因壓力失措，我提前擬定了計畫，整理好要說的話。這種準備能幫助我即使思緒混亂，也能清楚表達重點。

我把問題與需要的資訊分成三條主線：

1. 我的病症
2. 我的治療方法
3. 我能做或不能做的活動

這三條主線足以涵蓋所有重點。在與醫生會面後，我順利釐清了問題。（而且檢查結果的好消息讓我如釋重負！）

無論溝通場合的重要性或複雜性為何，我都遵循同樣的程序，將溝通分成數條主線。選擇主線是架構內容的關鍵步驟。

核心主線再加兩條

主線清單完成後，我們要在這份清單上再加上兩條：

1. 高效果資訊：可以在開頭或結尾使用的內容，具有迅速吸引注意力或留下深刻印象的效果。

2. 不確定如何使用的資訊：將不易歸類的資訊集中於此處，以防後續需要回收利用。

加上這兩條後，你的清單可能大致如下：

- A主線
- B主線
- C主線
- D主線
- E主線
- 高效果資訊主線
- 不確定資訊主線

在開始把資訊填入各主線之前，我們要先決定自己想說一個怎樣的故事。

你要說什麼故事？

歷史上已存在許多例子，故事能成就善舉，也能助長惡行，說故事的力量無庸置疑。一則好故事，不僅能讓聽眾更相信你，還能塑造情感聯繫。對品牌來說，講述有感染力的故事（尤其是品牌起源故事）能讓產品和服務更有吸引力，也能提升好感度。

行為與數據科學家普拉吉亞·阿格拉瓦爾（Pragya Agarwal）教授在《富比士》雜誌（*Forbes*）強調了故事對企業的重要性：

> 成功的品牌能夠創造故事，將自己置於一個與眾不同的地位，並且建立與顧客在情感上的連結。情感上的連結取決於企業能否把故事說好。
>
> 顏色、商標、名稱與品牌理念都是來自這個核心訊息。它們的結合形成了品牌故事。
>
> 品牌故事敘述了你開創事業的動機、你為什麼每天起來努力工作、為什麼顧客應該在乎，以及他們為什麼要相信你。[7]

核心訊息具有神奇的作用，它為品牌的產品和服務建立了連貫性與感染力。如果故事能打動人心，甚至讓人想參與其中，你就贏得了顧客。

這不僅適用於品牌，也適用於其他溝通情境。講一個好故事是你的重要工具，讓聽眾受你吸引，想知道「接下來會發生什麼」。

我曾向一位BBC國防與外交記者喬納森・馬可斯請益，他在訓練課程中分享了一個讓我受益良多的建議：

開始寫作之前，花幾秒想想：「這故事能用五個字簡而言之嗎？」接著問自己，這五個字是否包含了你的核心訊息？

這寥寥數字或許就是你故事的靈魂。喬納森是一位嚴格的指導者，他堅持用五個字概括故事。我曾覺得過於嚴苛，但原則本身是沒有問題的，這就像我們要清楚知道溝通的目標，一個故事同樣應該要有它的目的，幫助我們傳達訊息，並帶領聽眾進入一段有意義的旅程。

我們蒐集的資訊本身具有價值，但它們未必能吸引聽眾的注意力。但把它們放在故事裡就另當別論了，故事的敘事可以支撐起資訊的結構和相關性，它們能激發好奇心，讓聽眾買單。

如果有人問：「你在忙什麼？」你會怎麼回答？

人類是天生的說故事專家。如果你人在酒吧裡，有人問起你最近的出差如何，你多半可以滔滔不絕。我們每天被問及的那些「你在幹嘛？」問題，其實就是說小故事的練習。假裝你是在跟朋友分享，講起故事一定會流暢許多。

測試不同的開場

從你的故事主線清單挑選，嘗試用不同主線作為開場，看看哪一條主線的效果最好，總有一、兩條主線能很快抓住聽眾注意力。

選擇故事的架構

講故事就像拼樂高，有各種不同的組合方式。以下提供幾種敘事架構供你選擇，每種方法都像是在打造一座故事的城堡，試試哪一種最適合你要溝通的主題，說不定你會發覺自己其實頗有說故事天分。

- **時間排序法**：按發展順序，把故事分成幾段大事件。
- **結局法**：先亮出故事結局，再回到開頭，推展至結局。
- **拉遠焦距法**：從故事的核心開始，一步步拉遠，呈現更多相關的背景。
- **全背景模式法**：層層堆疊背景資訊，先介紹A，再補充B，最後綜合全局。「拉遠焦距」是每次納入一個相關背景，「全背景」則是用專題方式來呈現背景的多個部分。
- **引述法**：從一句話或觀點出發，不斷回到這個起點串聯主題。
- **解決問題法**：從提出疑問開始，逐步展開解決方案。
- **堆積木法**：像堆疊積木一樣，用前一步鋪陳後一步，讓聽眾充滿期待。

嘗試寫下第一句話

有時候，直接破題表明你接下來要講的故事，可以幫你開一個好頭。這技巧適用於演講、簡報、研討會、論文、播報等情境。我曾製作一部關於北美熱浪的紀錄片，影片開場是這樣說的：

這是記錄熱浪的故事：它們創下高溫、引發野火、導致人們喪命。這一切都與我們如何對待星球以及處理氣候變遷有關。

這十五秒的開場概括了接下來十分鐘的內容——從眼前的野火談到更深層的氣候變遷，此處採用的正是「拉遠焦距法」的架構。下列是一些你可採用的開頭句：

- 這是一個有關……的故事。
- 這場演講將說明如何……
- 今天，我將帶你們了解……
- 這是十分鐘關於……的分享。

破題的開場猶如你的指南針，幫你定位在故事的「目的」，避免偏離主題。例如，熱浪紀錄片的目的是剖析熱浪與氣候變遷的關聯，而故事則從一個受熱浪重創的小鎮，逐步擴展到全球背景。

我的示範

假設我是一家醫院的資深經理，主持ＩＴ系統的更新，我會從下列角度思考我要說一個怎樣的故事。

你溝通的目的為何？

說明ＩＴ系統有哪些部分需要更新，何時更新，為什麼需要更新。

你要說什麼故事？

我們的醫療受到過時的ＩＴ系統拖累，更新能使我們的工作比較輕鬆，同時也能改善我們的服務品質。

你要如何講述這個故事？

以其他醫院成功採用新系統的例子，對照我們仍在使用過時的ＩＴ系統。我會在各個階段的更新，展示各個階段的成果。

安排主線順序

當主線設定完畢，我們就進入排序階段。雖然在準備過程中，順序可能視情況有所調整，我們先假設初步的順序如下：

C主線

A主線

D 主線
E 主線
B 主線
高效果資訊主線
不確定資訊主線

為主線添加資訊

這是一個振奮人心的時刻，希望你已感受到故事逐漸成形的樂趣。

你可以為每條主線開啟一個資料夾，然後把篩選下來的資訊歸納進合適的資料夾。相關性高、效果突出的資料，可放在高效果主線，安排在故事的開頭或結尾，為故事增色。

這個過程不僅是擴充故事的重要步驟，也是一場自我檢驗：你對主題理解有多深入？蒐集的資料是否契合？隨著你將資訊逐步歸位，對內容的熟練度也會隨之提升。

整理主線內的資訊

接下來，我們依序檢查每條主線，逐一閱讀其中的資訊，並問自己幾個關鍵問題：

- **目標效果：**希望這條主線發揮什麼作用？
- **關鍵元素：**哪些資訊最重要？
- **起點：**主線應從哪項資訊開始？
- **承接邏輯：**哪些元素能自然承接上一個？
- **即席描述：**如果此刻需要向他人描述這條主線，該怎麼說？

最後一個問題可以作為我們是否達成下列目標的檢驗：創造引人入勝又清晰的表達。準備就緒後，我們就可開始為每條主線的元素進行排序與建立連結。

- **從上至下排序：**將最適合開場的元素置頂，接著依序安排承接的內容。

- **構思連結方式**：確保元素間的銜接邏輯自然流暢。
- **確立角色定位**：認清每個元素在溝通中扮演的角色，確保它們都能支持主線的目的。

這個過程可反覆進行數次，直到每條主線都擁有充分的內容。在此過程中，難免有資訊被刪除或修改，這反映的是你對整場溝通的思考更加深入，這些努力會在你實際上陣時帶來回報。

針對每條主線完成資訊排序後，你可能面臨兩種情況：

- **剩餘元素**：將未使用的資訊移至「不確定資訊」主線，視後續是否有用武之地。
- **資訊不足**：若發現遺漏重要資訊，則補充所需內容，讓故事完整。

在這階段的最後，你應該已具備：

- **主線清單**：已排序妥當的內容。

- **高效果元素：**保留待用的重要素材。
- **剩餘元素：**無法立即使用的資訊。

對架構內容的講究，將大幅提升你的溝通品質，為後續步驟奠定堅實基礎。

高效果元素的規劃

我們要展開一個故事，首先要考慮如何吸引聽眾的注意，哪些元素能引起共鳴或引發興趣？同樣地，我們也要在故事結尾留下一個強烈印象或啟發人心的餘味。如果你的故事是開放性的探索，開場可以是假設的挑戰性問題，結尾則聚焦於啟發新思路。如果你的目標是說服，開場或許是一個生動的案例，結尾則是有力量的行動號召。你可以依照自己面對的情境來設計高效果主線。

視覺元素的規劃

如果需要，我們也可針對每條主線的資訊，設計能夠輔助溝通的視覺元素，增強訊息的效果與清晰度。在逐一審閱主線內容時，問自己下列問題作為設計的依據：

- **重點與強調：**哪些短句、事實或數據需要特別突顯？
- **關鍵視覺：**是否有圖表、地圖或影像能輔助內容更易於理解？
- **起始與結尾：**開場有哪些吸引目光的影像或文字；最終留在螢幕上的影像如何概括故事核心或結論？

在著手規劃視覺元素時，我們要選擇與內容密切相關的圖片、圖表或設計。如果是描述特定事件，就尋找事發當時的照片或影片；如果是引用數據，要製作條理分明的統計圖表。避免使用概括性的影像，例如在指涉特定車款時，就要顯示該車款、而非一般汽車的示意圖。概略性圖像的最好結果是沒有效果，最壞結果卻是造成干擾。視覺元素的力量在於支持溝通，而非分散注意力。它是訊息的延伸，而非主體，我們應該力求清晰、簡潔和功能性。

請你自問

- 你溝通的目的為何？
- 你要說什麼故事？
- 你如何講述這個故事？
- 你的主線能夠發揮作用嗎？
- 檢視你認為還需要深入了解的部分。
- 你是否有想要添加的視覺元素？
- 你需要別人的建議嗎？

在建構內容的過程中，定期檢驗上述問題，能幫助你聚焦並避免偏離主題。至此，你已完成大量艱苦的準備工作，包括蒐集、篩選與架構資訊，這些都是成功溝通的基礎準備。

接下來則是轉化階段的起點：將所有素材組織成清晰且吸引人的內容。這是屬於「收成」階段，也是樂趣開始的時候。從這裡起，你的內容將逐漸成形，蛻變成一個能真正打動人心的故事。

第五步：串連資訊

現在，你的故事要開始展開了。無論你要寫報告、論文，還是準備簡報，首先要撰寫草稿。這不僅幫助你理清思路，還能讓之後的口頭表達更加流暢。

如果你是為正式場合準備，尤其當你需要精準傳遞信息，避免誤解或爭議，逐字撰寫文稿可能是最安全的選擇。例如我在寫這本書的時候，曾在一場備受矚目的新聞界會議上發表演講，內容較為敏感，我就是採用這種方式，事前與我的編輯確認，然後根據文稿發言。不過，在其他大部分情況下，逐字照本宣科只會降低感染力、讓聽眾失去興趣。

更好的做法是規劃重點，用提綱或筆記方式來引導你的講解。這不僅讓表達更自然，也能避免讓你的溝通變成「聲音版的逐字稿」。本書後續還會分享如何用簡單的筆記輔助你輕鬆掌控演講。

在撰寫草稿時，可利用下列幾個關鍵問題來自我檢視：

- 語言是否清晰、淺顯，讓人一聽就懂？
- 每個段落的功能是否明確？能否支撐你的故事？
- 每一句話是否準確表達你的意思？
- 你是否還有不了解的部分？
- 你是否準備了一份「可能被問到的問題」清單？你能否解答這些問題？

撰寫草稿的目的是讓你熟悉內容與架構，即使最終不採用逐字朗讀，也能讓你對表達更胸有成竹。

開始撰寫文稿

撰寫文稿的最簡單策略就是從頭開始，大多數故事都是這樣展開的，按照這個順序，你會更容易建立起清晰的架構。從最重要的元素開始串連故事的每一個部分，這些內容是你之前精挑細選並加以排序的，它們自然會引導你完成整個流程。

如果你的架構邏輯流暢，你會驚訝地發現，故事進展得比預期順利，幾乎可說是水到渠成。我當年採用這套方法寫歷史論文時，蒐集和整理資訊花了數天時間，但進入寫作階段卻只需一天。這種高效模式同樣適用於簡報或其他短篇寫作：花一小時設計架構，然後用十五分鐘把它化為一份完整文稿。

如果你寫作卡住了，別驚慌，嘗試用下列方法突破：

- **換一個開頭**：也許另一個元素能更有效地啟動你的思路。
- **檢查瓶頸**：卡住是因為不確定要說什麼，或不知道該怎麼表達？認清問題根源才能對症下藥。
- **重新調整資訊**：試著微調排序、添加或刪減資訊，看思路會不會變順暢。
- **接受不完美**：如果暫時無法突破瓶頸，就繼續寫下去，你也許會在過程中發現新的寫作靈感。

寫作是一個漸進的過程，不必期望一蹴而就。即便一開始感到困難，只要堅持下去，反覆修訂的過程會讓你找到最佳的表達方式。正如爬山時的每一步，即使吃力，都讓你跟頂峰的距離愈來愈近。

故事的寫作技巧

在溝通與敘事中，善用一些寫作技巧可以讓你的故事更具吸引力、清晰度與推進力，下列是我經常派上用場的法寶。

避免硬停止

在表達時，我們要避免內容突然停滯，在尚未結束時出現結論性語氣，讓聽眾誤以為故事已經結束。廣播電台和電視台長期以來都深諳這個道理，他們知道這一類的「硬停止」（hard stop）是觀眾或聽眾轉台的高風險時刻，因此會想盡辦法引導你繼續收看或收聽。他們經常採用名為「追蹤」（trailing）的技巧，留住已經被吸引的觀眾，讓他們期待接下來的內容。你應該對下列句型很熟悉：

- 廣告後，我們將播放愛黛兒的新曲。
- 稍後，我們將報導暴風雨對北卡羅萊納的影響，並聽取總統的最新回應。

這種處理方式避免了觀眾的黏著度中斷。對進行溝通的人來說，硬停止也可能削弱你的表達效果。一旦出現結論性語氣，聽眾可能認為接下來的內容已無新意，進而失去專注。

追蹤

追蹤可用來幫助聽眾理解你的邏輯走向。大致可分為兩種，一是向前看：預告接下來的內容；二是回顧，然後向前看：總結已討論的內容，再銜接新主題。以下提供幾個常見範例：

- 如果你想知道我們是如何帶動銷售上揚的——我們做了三件事，我將一一道來。

- 我已談過選民是如何改變他們決定投票的標準。在此之後，我們將審視他們的投票行為與他們改變吸收新聞習慣之間的關係。
- 我要利用幾分鐘的時間來告訴你，我們決定推出新產品的原因。在這之後，我會向你展示這項產品，相信你也會跟我一樣期待。

追蹤適用於表達的關鍵轉折點，引導聽眾聚焦在你的故事主線。但別過度使用，否則會讓聽眾覺得繁瑣和重複。

展露架構

要讓別人理解你的內容，最簡單的辦法就是「展露架構」——明確告訴他們你正在說什麼、接下來要說什麼。這不僅組織了你的思路，也幫助讀者或聽眾跟上你的節奏。我的歷史教授湯瑪斯曾教導：每個論點都要清楚標示，這是寫作的黃金法則。不管你在寫文章、做報告或演講，事先規劃架構，並且讓這個架構清楚可見，不僅能讓受眾理解你的方向，也讓他們更容易接受你的觀點。以下提供幾個常見方法。

- 我們剛談到X，接下來要談談Y。
- 如果不了解X與Y的關連，我們就無法真正理解X。
- X和Y是了解Z的基礎，現在該來談談Z了。
- X、Y、Z各有其重要性，但接下來的A、B、C才是核心。
- 我解釋了從X到Y的過程，現在讓我們看它如何發展成Z。

總結來說，這些方法讓你隨時知會聽者「已經講了什麼，接下來要講什麼」，讓他們對你的內容架構有清晰的全貌。有時候，你難免需要岔題，補充背景或額外資訊。在這種情況下，展露架構就更加重要了。下列是一些常見範例。

- 為了理解X，我先說明一下它與主題的關係。
- 我們稍微岔開來談X，然後再回到主題。
- 在進入這個問題之前，我們需要花幾分鐘講講X。

岔題結束後，記得要告知聽眾回到主題，例如：

- 現在，我們回到剛才的Y。
- 這就是X對我們故事的意義，現在繼續談Y。

明確說出你的邏輯和架構，能讓內容更有條理，尤其是在長篇或複雜的內容裡避免聽眾迷失的法寶。回想起來，當初真是辛苦湯瑪斯教授了，她批改我的論文時沒能享有「展露架構」的待遇。

連結短句

我長期使用「追蹤」技巧來連接內容，在二〇二一年，我意識到可以更進一步。過去，我只在段落或故事之間使用追蹤，協助觀眾掌握重點，但現在，我開始在表達過程中嘗試一種小型的過渡工具，把觀眾從一個想法帶到下一個，避免思路中斷或「轉台」。

- 那件事幫助我們理解這個議題，但不夠全面。要看得更清楚，我們還得考量……
- 第一個目標達成了，但這也帶我們來到下一個更棘手的挑戰……
- 如果同仁對我的提案有意見，那我們來聽聽其他人是怎麼說的。
- 這是去年的數據，現在來看看今年的進展……

這些短句兼具回顧與前瞻的功能，可以視為「微追蹤」：它們不是用來銜接主要段落，而是連結資訊中的每個細節，帶領觀眾向前，避免「硬停止」的發生，同時保持表達的流暢與動能。

「後綴宣告」與「勾子」

「後綴宣告」（back anno，back announcement 的簡稱）是電視術語，指接在段落結尾的銜接語句，例如：播放完某人的訪談片段後，接著說：「晚間九點，ＢＢＣ第一台將播出完整訪問。」一開始，我覺得這種追蹤句型只是在段落結束時提供資訊，但後來發現後綴宣告還可以有更多靈活的用法。

後綴宣告除了作為銜接工具，更重要的是用來強調之前的重點，為訊息增添「回音」效果。實現這一點的關鍵在於，我們要先選出希望受眾記住的重點，無論是一句話、一個數字或一個關鍵詞。我將這些關鍵點稱為「勾子」，勾住受眾的思緒，牢記你的訊息，並引導他們思考或期待接下來的內容。例如：

1. 短句勾子

「這些現象揭示了一個重要趨勢。」接著後綴宣告：「我們稍後將深入探討這個重要趨勢的影響。」

2. 數據勾子

「有六八%的受訪者支持這項政策。」然後說：「稍後，我們會分析這個數據的意涵。」

3. 關鍵詞勾子

「這是一個關於『適應力』的故事。」接著補充：「我們將探索『適應力』如何在其他情境中發揮作用。」

聯合運用後綴宣告和勾子來突顯訊息的重點，可以讓你的表達更具記憶點。它的妙處在於用複述技巧來加強記憶。你在轉到下一個話題之前，先重申剛剛提到的關鍵點。更多範例如下：

- 假設我們引用警察局長的話：「我們目前無法確定這次行動何時批准。」接著透過後綴宣告來強調：「警察局長表示他『無法確定』，但受害者家屬認為，警察局長其實知道。」
- 「我們面臨的問題很嚴峻。最新數據顯示，我們這個部門的收益在兩年內銳減九〇%。」接著透過後綴宣告來強調：「九成，兩年。與此同時，整個產業卻成長了三〇%。」

抓住這些勾子，就像給資訊裝上火箭發射器。不管是寫作或演講，效果都好得驚人。但注意，這是你的王牌，不是每日特價商品，濫用只會削弱威力，留給那些真正需要被記住的資訊吧。後綴宣告與勾子，超越了強調重點的功能。它們是內容的放大鏡，讓訊息更有力、更難忘。

用後綴宣告來補充背景

後綴宣告也可用於補充背景，讓資訊重點更加立體。我們來看以下範例：

- 我們總統聲稱：「今天宣布的氣候變遷新目標是我們國家的重大一步。」後綴宣告可這樣補充：「這也許是重大的一步，但截至目前，總統還沒提任何實際行動的細節。」

這裡的勾子是「重大一步」——總統的核心主張。藉此，我們不僅突顯了氣候變遷目標的重要性，還點出一個關鍵問題：計畫的具體性付之闕如。再來看一個例子：

- 工業領袖表示：「花在復古服飾的金額目前已達一億英鎊。」後綴宣告則為：「一億英鎊確實不少，但考慮到這個國家每年服飾消費高達一百億英鎊，復古服飾的市場份額只是九牛一毛。」

利用「一億英鎊」這個勾子，既放大了數字的分量，也提供了產業全景的對比。勾子吸引注意，後綴宣告補充背景，兩者合力，讓資訊既有力又有層次。

用勾子連接短句

有效的表達就像一條順暢的河流，每個轉折都具有連貫性。勾子與連接短句是實現這種效果的關鍵。來看一個範例：

我們的供應商覺得這個新方法難以接受。其中一人說：「我不認為這有必要。」雖然他們認為「沒有必要」（勾子），我們的供應鏈數據卻清楚顯示，這確實是必要的（連接短句）。從我們的產業觀點來看（引入下一個元素）……

用勾子連接短句的結構不僅增強了邏輯性，也讓觀點更具說服力。我們來看看一般解說和善用後綴宣告、勾子的解說有何差別。

典型的解說流程：

1. 介紹資訊
2. 分享資訊
3. 介紹更多資訊
4. 分享資訊

升級版解說流程：

1. 介紹資訊
2. 分享資訊
3. 用後綴宣告補充背景
4. 介紹更多資訊

5. 分享資訊

6. 用勾子連接短句

7. 介紹更多資訊

8. 分享資訊

升級版解說流程採用層層遞進的方式，並在局部提升說服力與效果。透過勾子、補充背景與前後呼應，我們可以創造穩定的動能，讓聽眾既知「來自何方」，又明白「要往哪裡去」。這是一種恆定速度的藝術，讓每一步都成為邁向成功的助力。

平行時間線

如果你掌握了平行時間線的同步力量，你會發現它既能維持動能，又能吸引注意。小說、非小說、電影、體育報導，甚至紀錄片，無不依賴它來增加張力。它的精髓在於：講述一個故事，暫停，切換到另一個故事，然後再回來。

例如，足球比賽經常如下轉播：「曼徹斯特得分，看來聯賽冠軍非他們莫屬！但是，等一下，利物浦進球了，局勢瞬間逆轉！」

政治紀錄片也會這樣：「總統正與盟友密談。同時，在城市的另一端，反對派正在策劃推翻他的計謀。」

這種平行主線的講述方式，不僅能創造動能，還能將不同事件並列，形成對比與關聯，甚至營造張力。例如：自然史紀錄片的旁白可能會說：「本土牡蠣的復育進展順利，但隨著數量倍增，新的威脅——水藻——也隨之而來。」

利用下列這些平行時間線的短句，能幫助你在主線間無縫切換，避免「硬停止」：

- X進展良好，但Y仍存在問題。
- 隨著X在這裡發生，Y在另一處悄然展開。
- 即使X、Y、Z已解決，A與B仍懸而未決。
- 這部門說X，但另一個部門卻說Y。

「即使」、「但」、「隨著」、「與此同時」都是常用來打造平行時間線的句型。

將句子一分為二

「草稿沒問題，但我要把句子一分為二。」在ＢＢＣ工作時，這句話幾乎成了我的口頭禪。這不是在找撰稿同事的麻煩，因為我也常對自己的稿子這麼做。寫完初稿後，句子不夠精煉是很常見的事。

特別是在進行口頭表達時，簡短的句子更是關鍵。相比之下，長句較難吸收，尤其當聽眾是「聽」而不是「讀」時。此外，長句也會影響講話的流暢度，因為你需要調節氣息。

我的經驗法則是：一句話最好不要超過十五個字。這不是鐵律，但確實是一個有效的指導原則，無論是書面或口語都適用。來看看一個例子。

原文：

游泳課對十六歲以下孩童開放——我們的課程共有八級，整週都有開課，你可以在我們的網站，或自上午九時到下午五時前往我們的接待處為你的孩子註冊。

修改後：

游泳課對十六歲以下孩童開放。

課程分為八級。

每天都有開課，包括週末。

註冊方式：可至我們的網站，或於上午九時到下午五時親臨接待處。

長句容易讓人迷失，短句則能讓人抓住要點。簡單就是力量，善用分割句子來讓重點更突出。

將主題放在句首

許多溝通，尤其是口頭表達，常犯一個錯誤：把主題埋在句子中間，甚至最後。這會削弱你要傳達的訊息。

看看這個例子：「國會議員席次少，支持率下降，充滿爭議，反對黨面臨重大壓力。」如果我們在這麼後面才第一次提到反對黨，聽眾會一頭霧水：「前面的訊息是在說誰？」他們沒抓到重點，也錯過了細節。

再來看一個經典錯誤，幾年前，ＢＢＣ的一位主播說了這樣的開場白：「您正在收看ＢＢＣ新聞台，我是喬納森．查爾斯。在被幽禁數十年，被迫生育小孩之後……」聽起來彷彿喬納森自己經歷了這一切，這也是為什麼這段影片在YouTube上成了爆款。有趣的是，事情並非如此。喬納森後來解釋，這段影片是排練時錄製的，正式播出時，搭配了合適的語速和畫面，效果非常好。即便如此，這段插曲提醒了我們：

- 語句結構會影響句意。
- 呈現順序會決定受眾如何理解。

當你把主題藏在句子中間，就冒著被誤解的風險。聽眾可能不知道你所指為何，需要花額外精力去弄清楚。這就是我為什麼堅持一個簡單實用的原則：「先破題，再交代細節。」

原句：

國會議員席次少，支持率下降，充滿爭議，反對黨面臨重大壓力。

修訂後：

反對黨面臨重大壓力：議員席次減少，支持率下降，爭議不斷。

後者的表達方式更直觀，能立刻抓住聽眾的注意力，並減少溝通中的迷失風險。

「和／而且」的力量

在口頭表達中，使用「和／而且」可以說是我的祕密武器。這個簡單的連接詞不僅幫助你建立動能，還讓元素間更緊密地連結，營造出層層遞進、一氣呵成的效果。總結如下：

- **創造動能**：讓內容不斷推進，避免停頓或割裂感。
- **連接元素**：讓資訊自然過渡，有條不紊。
- **增加節奏**：為語調增添韻律感，使表達更具層次。

這是「和／而且」在口頭表達中發揮的作用，看看下列例子。

原句：

政府剛剛宣布投入更多資金來對能源效率最低的房子進行隔熱處理。這項投資隸屬於一項更為廣泛的節能策略。

加入「而且」：

政府剛剛宣布投入更多資金來對能源效率最低的房子進行隔熱處理。而且，這項投資隸屬於一項更為廣泛的節能策略。

原句：

天氣很糟，觀眾很少，售票收入淒慘，我們許多員工都被病毒感染。

加入「而且」：

天氣很糟，觀眾很少，售票收入淒慘。而且，更糟的是，我們許多員工都被病毒感染。

原句：

一直以來的問題是讓一些同事在家工作，其他人到公司上班。我們尚未想出解決方案，董事長與執行長卻辭職了。

加入「而且」：

一直以來的問題是讓一些同事在家工作，其他人到公司上班。而且，在我們尚未想出解決方案時，董事長與執行長竟然辭職了。

將上述例子的前後版本大聲唸出來，你會深刻感受到，加上「而且」的句子不僅更有韻律，還讓資訊更有層次。

這聽起來像你嗎？

幾年前，一位同事對我們的節目表達了極高的讚賞，尤其是說話語氣的部分，她感到不可思議的是，我們似乎能在無腳本的情況下完成一小時的節目。「其實我們是有腳本的，」

我回答。事實上，我的節目目標一直是打造出一流新聞腳本的精確性，同時呈現出與人對話的自然感。

這種平衡，源於我早年的廣播經驗。第一次擔任輪值主持人時，節目資深主持多通・阿德巴（Dotun Adebayo）給了我一條寶貴建議：「不論你做什麼，別學羅德。」這並不是在貶低原創主持羅德・夏普（Rhod Sharp），而是強調每個人都應有自己的風格。

事實證明，要找到自己的聲音並不容易。早期主持ＦＭ節目時，我很快地開始無意識模仿蓋瑞・戴維斯（Gary Davies）這些名主持的風格。更早在新聞工作中，我也曾模仿前輩來掌握基本技能。雖然這是初學者常見的過程，但若要建立真正屬於自己的風格，模仿這條路並不持久。

在準備每一部腳本、演講、簡報，甚至寫文章時，我總會問自己：「我會這樣講話嗎？」如果答案是否定的，那麼這段內容就需要修改，沒有商量餘地。這是我突破模仿與找到真實聲音的關鍵法則。

我們每個人都知道自己的語氣與說話方式。這種認知應成為我們創作的指引，不論是寫文章、製作影片，還是進行口頭表達。每一種媒介都有其特性，但保持一致的語氣與風格是建立可信賴連結的基石。這是「聽起來像我」的真諦：找到自己的聲音，並始終如一地表達它。

整合成結論

結論是一段解說或敘述的關鍵部分。每次進入結尾時，清楚標示你要說的話，能快速有效地幫助聽眾理解主題的總結與未來的方向。

在學校寫論文時，我常使用「綜上所述」來精準表達先前內容如何導致現況。這句話不僅總結過去，也自然銜接未來。以下提供一些使用情境。

- **描述商業模式改變：**「綜上所述，很遺憾地說，我們現行的商業模式已到盡頭，不過同時也出現一個振奮人心的替代方案。」
- **毛遂自薦：**「綜上所述，我是此一職位的最佳人選。」
- **解說第一次世界大戰：**「綜上所述，在一九一四年的冬天，戰爭陷入僵局，同盟國已準備尋求新策略。」

- **談論政治改革：**「綜上所述，這是一個世代才有一次的難得機會，能重塑政局。我們應該熱切討論重塑的方向。」

以下是一些「綜上所述」的替代選項，交錯使用可以增加變化，既保持新鮮感又能清楚引導聽眾。

- 如果我們考慮所有這些……
- 綜合所有的發展……
- 把這些整合起來，我們就會開始了解……
- 經歷了這一切，終於達到這個階段……

標示已達成的進度

與前述的結論技巧略有不同，「已達成的進度」旨在回顧並總結已經完成的事項，將這些進展整理成清晰的概要，加深聽眾對重點的印象，既可作為段落間的銜接，也可用來結束整個內容。

段落銜接範例

在經過三年對此一構想的努力，我達成的進度為……

- 事實一……（例如，完成的研究或解決的問題）
- 事實二……（例如，面臨的挑戰）
- 事實三……（例如，下一步的可能性）

如你所見，現況尚未成熟，因此我們需要……

收尾範例

在經歷三年的戰爭之後，我們的現況是……

- 狀況一……（例如，領土變化）
- 狀況二……（例如，經濟影響）
- 狀況三……（例如，未來預測）

這些都顯示同盟國尋求快速結束戰爭的努力已宣告失敗。

開頭與結尾

你的第一句話與最後一句話，是打動人心的關鍵。如果做對了，能吸引注意、甚至讓人願意一直聽下去。我花最多時間琢磨這兩部分，通常也是最後才敲定。不用害怕反覆修改，事實上，每次重寫，我對內容的理解都更深刻，最後的開頭與結尾自然會更到位。我的目標是從第一句就抓住注意力，把聽眾拉進故事；結尾則用一句話來總結與強調整個內容的核心訊息。

我的示範

下列是我們一部影片的開頭與結尾，該影片是在說明台灣所陷入的緊張情勢。

開頭：這個故事是關於，一場歷史爭端如何演變成全球強權的角力。

在此，我試圖使這項議題感覺與大家都有關係，儘管有些觀眾可能認為台灣與他們的生活毫無牽連。我同時也想以「全球強權的角力」來強調此一議題的急迫性與重要性。

然後是我的結尾：因此，台灣的狀態考驗著美國權力與中國潛力的極限。

我在這裡想傳達一個訊息，即是中國的崛起已造成全球權力的根本性變動，這解釋了台灣目前的特殊情況。

一個好的開頭能讓聽眾願意繼續跟著你；一個好的結尾能讓他們覺得值回票價。

高效果短句

高效果短句是傳遞訊息的利器，簡短、精準、令人印象深刻，是讓核心內容深植聽眾腦海的關鍵。以下是打造這些短句的三種方法。

1. 提煉核心理念

有時候，將複雜構想濃縮成一句話，會逼迫你釐清最重要的溝通目標。當初推動「外部資源」計畫時，我最初寫下的策略太過冗長，無法有效溝通。最後提煉成一句短句：「為數位世界提供的電視新聞平台。」簡潔有力，易於傳播。

2. 觀察哪些話奏效

高頻重複的句子通常是短句的好選擇。在推動五〇：五〇計畫時，我經常留意哪些回答最能解決疑慮，哪些話反而讓人困惑。有效的短句，例如「打造給已經知道新聞的人看的新聞」，不僅回應了需求，還塑造了我們的價值主張。隨著使用次數增加，這些短句成為溝通中的固定資產。

3. 傾聽他人意見

有時候，旁觀者清。我的影片被稱為具有「堅定的公正性」，這句話並非出自我之口，而是來自一位前同事。它完美捕捉了我製作影片的目標，於是我立即採用它作為高效果短句，並且公開致謝這位同事。這提醒了我，別人也可能是短句的靈感來源。

不論是經過深思熟慮、反覆測試，還是取自他人洞察，高效果短句的力量在於其簡單明快，易於記住與傳播。

完成初稿

完成初稿是一個重要的里程碑。此刻，你已將主線與各項元素轉化為具體的內容，儘管未臻完美，但這是你第一次感受到「終點就在前方」。這份感受將成為你前進的動力。

我分享的眾多技巧，並非要你全盤套用，而是為了在適合的情境下提供靈感，讓你的表達更出色。進行到這一步，你已經擁有一個值得進一步精雕細琢的基礎。但在進入第六步驟之前，我建議你先停下來，從頭到尾看一遍。完成初稿後的審視是一個重要階段，它能幫助你確保內容邏輯通順、連貫清晰。同時，這也是一個發現空隙和改善的機會，我們可以做下列檢查。

1. **檢查連貫性：**主線和各元素是否無縫銜接？是否有脫節的部分？
2. **查找空缺：**是否有未說明或語焉不詳的地方？做出標記或立刻修補。

請你自問

- 你是否遵循故事架構？
- 你是否使用不同技巧來強調重點與提供動能？
- 初稿聽起來像你在說話嗎？

你一開始面對的資訊量很龐大，如今已大有進展。我們接著要進入編輯階段了。

第六步：濃縮

濃縮的藝術，就像練琴——明明能彈整首曲子，卻仍在每個細節上精雕細琢，直到能成就一場真正的表演。

已故音樂製作人菲利普・茨爾在一部關於他與鳳凰樂團（Phoenix）合作的YouTube長片中，談到他如何進行混音：「要到最後階段，我們才能進行混音，這需要某種平衡與適度冷血。」他指的是音樂，卻也道出表達的真諦：濃縮需要做出明確且無情的選擇，這意謂著你可能需要放棄費力得來的元素。

在矽谷採訪時，我學到類似的教訓。谷歌子公司「X」的一位主管表示，他們會舉行派對，慶祝中止一項不成功的投資項目，舉行派對是試圖建立一種承認與接納失敗、而非將失敗視為打擊的文化。新聞業也同樣殘酷，每天都在拋棄舊聞為新事件讓路。我初入ＢＢＣ時，辛苦準備的節目因突發新聞而被取消，當時感到憤憤不平，現在也逐漸能理解這樣的決策。

濃縮步驟是要進行類似的取捨決定：大至關乎整個段落的存廢，小至使每個句子更為精鍊，兩者同樣重要。本著這樣的精神開始吧，果斷刪去無效的內容。這過程看似艱難，但熟能生巧，你可先用下列清單作為輔助，最終你會本能地知道哪些該留，哪些該捨。

一、是否有任何妨礙理解的內容？

讓我們回到艾倫・雷托與理解障礙的問題，從頭找出可能妨礙理解的元素。可以參考下列幾個提問：

人名與地名：哪些人名或地名真的必要？

例如，提到美國某大學時，是否需要強調它位於德州？若地點不影響內容，省略即可。

日期：哪些日期不可或缺？

如果事件發生於二〇一二年，是否必須精確到詳細日期，例如五月九日？避免不必要的細節，能讓內容更清晰。

統計數字：你提供的數字有幫助嗎？

多組數據若皆用來強調某個相同論點，可能適得其反。例如，描述選舉結果時，執政黨四〇％、反對黨三五％足以說明重點；無需提及綠黨一〇％、社會黨三％、國家黨二％及廢票一％，除非這些數字對你的分析至關重要。

無關緊要的資訊：是否包含多餘資訊？

嘗試刪除你不定確的部分，看看整體表達是否更流暢。濾除掉這些冗餘，往往能讓內容更具吸引力，也更易理解。

二、是否有任何句子可以更簡短，仍不失其內容與含意？

重點在於不斷檢視句子是否包含「無作用的字詞」，並果斷刪除。愈簡潔的語言，愈能有效傳遞你的主旨。以下提供一些縮減範例：

修改前：這個與那個相較起來小一些。

修改後：這個比那個小。

修改前：有關這次所犯下的罪行……

修改後：至於這項罪行……

修改前：之前曾被勒令停賽的一位球員。

修改後：曾被勒令停賽的一位球員。

修改前：銷售驚人成長，我們都樂觀期待這樣的情況還會持續。

修改後：銷售大幅增加。

修改前：可以這麼說，一旦中國做出決定，美國就別無選擇。

修改後：有鑑於中國的決定，美國必須行動。

我的示範

我們已討論過雖然有趣、但對整體目的並無作用的資訊。除此之外，我們的句子中也常包含許多贅字。

理查德・諾德奎斯特博士（Dr Richard Nordquist）是喬治亞南方大學（Georgia Southern University）的英文與修辭學名譽教授。我高度推薦他所列的「英語常見贅詞」（Common Redundancies in the English Language）清單。8他在序言中寫道：「由於我們太常看到與聽到贅字（例如「『免費』禮物」與「『外國』進口商品」），很容易就會忽略它們。」他敦促我們「消除對所說內容無益，但使文章徒然更長卻未更佳的用字遣詞」。諾德奎斯特博士有一句話深得我心，他指出「一些句子以不必要的贅字來拖垮我們的寫作」，他接著列出一長串的清單，像是：

- （歷來所有的）歷史紀錄
- （一起）合作

- 在這（一段日子的）期間
- 集合（在一起）
- 延後（到稍晚）

你現在了解了吧，這樣的例子還有許多。看看下列「修改前」的句子，你會如何精簡呢？

修改前：讓我們來看一個新衝突——在土耳其軍方與敘利亞民主力量（Syrian Democratic Forces）之間——是反對敘利亞大馬士革政府的叛軍，他們占領了該國的東北部。

修改後：土耳其軍隊與控制敘利亞東北部的叛軍爆發衝突。

精簡的累積效果驚人，你的整體內容或口頭表達都會更簡潔明瞭。

三、是否有任何未說明且可能構成干擾的部分？

確認內容中是否有聽眾可能不熟悉的詞彙或概念，例如NATO（北大西洋公約組織），並考慮補充簡短解釋，避免造成理解障礙。

四、你所展示的視覺輔助是否符合你說的內容？

你的視覺材料是否發揮支持內容的作用？任何不一致或提前透露的視覺影像，都可能分散注意力。

五、開頭是否令人著迷？結尾是否有明確的結論？

檢視你的開頭與結尾，並讓兩者形成呼應，能提升整體的表達效果、強化影響力。

六、是否能夠回答受眾對這個主題的可能疑問？

你的內容是否涵蓋了聽眾對主題的主要疑問？如果你已深入了解這個領域，是否將你的理解融入內容，使其易於傳達？

七、還有一個大問題：所有主線與元素都很重要嗎？

所有內容是否都必要？再次檢查主線與各項元素，刪除任何無關緊要的部分，並測試刪除後是否仍能維持表達的完整性。

在濃縮步驟中，你既增強了清晰度，也減少了可能的干擾。這會使你的表達更加精準，聚焦於核心內容，同時提升每句話的效用。

徵求他人意見

無論是朋友、家人，還是同事，我經常尋求他們的意見來優化內容。他們能幫助我發現盲點，特別是那些自己無法察覺的細節。

1. 找出問題

他人的回饋能幫助你發現內容中難以理解、不夠精確或不符合邏輯的部分。例如，我們常高估聽眾對主題的了解程度，以至於內容脫離了一般人的理解範疇。

2. 提升信譽

小錯誤或不精確的句子可能損害整體的傳達效果。他人的指正能讓你避免這類失誤，進一步強化你的信譽。

3. 檢測內容的合理性

身為創作者，我們對自己的內容會有偏愛，以至於忽略問題。別人的第二視角能測試你的內容是否如你想像那般有條有理。

你可以向信任的人或在相關領域表現出色的人尋求回饋。無論是工作上的提案或生活中的難題，細節上的建議往往很寶貴，記得向他們強調：「無論多小的意見你都樂於知道。」而當有人認可你的努力時，你對內容的信心就會增強，這種自信也會反映在你的表達中。

請你自問

- 你是否認可你已做到最大程度的濃縮？
- 你想讓誰看看你的努力成果嗎？

你的內容至此已經就緒，但從表達的角度來說，你還剩下最後一步——表達的重點雖然在於內容，但你如何傳達也會產生舉足輕重的影響力。

第七步：傳達

有效的表達不僅需要淺顯、詳細、精準，還必須讓人願意接受並記住它。否則，即使內容再棒，也可能因過於枯燥或繁瑣而被忽視。要避免這種風險，關鍵就在於讓你的傳達具備吸引力。

早期我在英國航空公司負責機上廣播，就曾犯下「不美味綠色蔬菜」式的錯誤——對身體有益，卻難以下咽。後來我發現，維持聽眾的注意力就跟傳遞資訊同樣重要，這啟發我把「引人入勝」納入表達的核心要件，並在音樂世界得到了印證。

一九七〇年代的洛杉磯，是一個自由音樂家的天堂。當時，頂尖樂手迪恩．帕克斯（Dean Parks）常與巨星合作，包括麥可．傑克森、艾爾頓．強和史提夫．汪達等。他的多才多藝讓他成為「史提利．丹樂團」（Steely Dan）一九七七年《Aja》專輯的參與者。

史提利．丹以追求極致著稱，錄音時為尋找完美音效，甚至反覆更換伴奏樂手。他們的音樂是經過深思熟慮的創作，既有傳播潛力，又不失藝術深度。《Aja》證明了這種方法的成功，成為經典專輯。

在紀錄片《經典專輯》中，樂團成員華特・貝克（Walter Becker）與唐納・費根（Donald Fagen）展示了製作過程，並訪問了迪恩・帕克斯。這部影片揭示了一個重要原則：即便內容本身精良，呈現方式更決定了它是否打動人心。有效傳達不僅是提供資訊，還需用心設計形式與風格，讓聽眾樂於接受。音樂家對細節的極致追求，讓我感到熱血沸騰：讓表達成為一種藝術，才能讓人難以忘懷。迪恩・帕克斯在影片中說道：

> 有意思的是，唐納與華特追求的並不是完美。他們追求的是能讓你百聽不厭的音樂。因此，我們必須努力超越完美，直到它成為自然而然的事情，直到它聽起來幾乎是即興之作。所以，這是有兩個步驟的過程，一個是追求完美，另一個則是超越完美，然後再稍微放鬆。這絕對是很難的融合。最有趣的是，他們知道成品可能會大受歡迎。

這正是我規劃七步驟的方式。從第一到第六步驟，盡可能精煉與完善內容。第七步驟則是超越完美，融入表達者的自然節奏與個性，讓表達不僅準確有效，還能令人如沐春風。

在我的解說影片受到大眾肯定後，路透新聞學研究中心（Reuters Institute for the Study of Journalism）邀請我主講一場研討會。該中心的研究員計畫副主任凱特琳・默瑟（Caitlin Mercer）是研討會的主持人，她對我說：「我在觀看你的影片時注意到一些特點，大約每隔八秒鐘就會出現一些改變，像是加入新圖片或新的說話聲音。」這樣的設計並非偶然，而是一種有意識的節奏控制，旨在保持觀眾的注意力。

最佳的書面或口頭表達都有一種內在的節奏感。它像音樂一樣，通過流暢的變化與適度的間歇，使訊息更加動人、易於吸收。

口語化

檢查你的表達是否流暢，有一個很簡單的辦法，就是問問自己：「我平常會這樣說話嗎？」如果答案是否定的，那就得進行調整了。

流暢性雖然沒有一個絕對的標準，但無論是故事、論文、演講或簡報，都應該給人一種

「順暢」的感覺。當你表達順暢時，資訊會自然而然地進入聽者的腦海，毫不費力。如果不順暢，聽者就會感到卡住，不管是因為邏輯斷裂或節奏混亂。我們在這方面天生就是專家，如果有人說話條理分明，我們一聽就知道；相反地，如果他講得很雜亂，我們也馬上能察覺。我們可以利用這種直覺來幫助自己改善表達。

不管是寫文章或準備口頭說明，我都習慣把內容大聲唸出來確認。有時候在腦中默唸時覺得沒問題，但實際唸出來後，就會發現不順的地方。即使我已經做了二十多年的新聞主播，每次寫完腳本，還是得大聲唸幾遍，我幾乎每次都能發現還需要調整之處。我把這個過程視為「熨平皺褶」。這跟內容的邏輯、資訊或架構沒太大關係，而是在優化表達的流暢性與連貫性，在準備口頭表達時尤其受用。

翻開你的內容，以緩慢到中等的節奏唸一遍。不要唸得太快，因為你的目的是找到隱藏的問題和「皺褶」。在唸的過程中，問自己以下問題：

1. 聽起來像我在說話嗎？

如果答案是否定的，就調整你的用詞或句型，使其更貼近你平常與人交談的方式。

2. 每一句話是否都能與下一句連貫？

如果發現某些句子之間缺乏銜接，試著調整上一句的結尾或下一句的開頭，加上連接詞或短語讓句與句之間更順暢。

如果你感覺某些部分不流暢，仔細找出讓你「卡住」的用語或結構，這些不對勁的「皺褶」會讓你的表達顯得生硬或缺乏條理，進而影響聽眾的理解和接受度。把它們一一「熨平」，會讓你在表達時更加自信。

安排你的視覺輔助

在先前的第四步驟中，你列出了一份視覺輔助清單，這些元素是用來增強你的溝通內容。現在是時候重新檢視這份清單，並決定每個視覺元素的確切位置和呈現時機。

1. 檢視你的腳本

翻開腳本，對照你的視覺元素清單，在腳本中標註視覺元素的出現位置。

2. 搭配解說的內容

確保螢幕上的圖像與你當時的解說內容相關。如果圖像的作用已經結束，應及時更換，避免留下不相關的畫面干擾觀眾。

3. 掌握時間點

視覺元素的呈現時機必須精準，這樣才能加強它們的效果。不適當的時機反而會干擾觀眾，削弱連貫性。

我在製作「外部來源」節目時，花了大量心思安排視覺元素，因為這個節目的目標是整合不同形式的重要資訊。我的工作是將這些資訊串連起來，並確保它們彼此之間無縫銜接。然而，視覺元素往往數量龐大，如果呈現時機或順序錯誤，不僅造成資訊混亂，還會讓觀眾失去專注力。

為了確保時機掌握得當，我會在腳本中精確標註何時展示每一個視覺元素。假設你正在解說地球的地質結構，可以安排如下：

- 當提到地表層時，顯示地球的剖面圖。
- 當提到地幔時，畫面切換到地幔的動畫。
- 當進展到地核時，螢幕上顯示地核的溫度數據。

這樣的安排可以讓觀眾專注於你正在解說的內容，同時利用視覺元素強化他們的理解。

假設你要講述你從零成立公司的經過，並顯示公司在二〇一〇、二〇一五與二〇二〇年的獲利，如果你將這些資訊一股腦全部秀出來，就會喪失其中的戲劇張力。你可以參考下列我的示範。

我的示範

我在二〇〇八年十二月成立公司，公司初期的規模很小。

（秀出公司成立的重要日期圖表）

二〇一〇年，我們獲利五萬英鎊，我們以此進行再投資與貸款。到了二〇一五年，我們的業務已遍布歐盟。我們的獲利是……

（秀出二〇一〇年獲利圖）

……一百五十萬英鎊。我們增聘員工、償還債務……

（秀出二〇一五年獲利圖）

……並從我們在西倫敦的狹小辦公室遷出……

（秀出舊總部的照片）

……搬入同一條路上寬敞許多的辦公室。到了二〇二〇年，我們的獲利……

（秀出新總部的照片）

……是五百萬英鎊。我們規模龐大遠超過我能想像。

（秀出二〇二〇年獲利圖）

選擇適合的視覺元素，排序之後配合腳本演練一次。能感受到兩者的和諧嗎？如果不夠順暢，就調整它們的位置，直到與內容完美契合，讓你能充滿信心地展示為止。最後一點忠告：當言語與視覺已經密切配合，有效吸引注意力時，就不需要再添加音效或動畫，除非它們確實能提升表達效果，否則只會造成干擾。

腳本／重點／背誦

忠於腳本

現在，我們的演講稿已準備就緒。之前提到，在某些正式場合，你可能希望採用逐字唸稿的方式，這樣雖然保險，但真的是最佳選擇嗎？

即使你唸得再好，沒有電子提示器輔助，還是很容易讓人察覺你在唸稿。像歐巴馬等政治人物使用的透明提示器，能讓演講看起來很自然，我們大多數人並沒有這種科技可使用。

逐字唸稿有其優點：內容準確、表達清晰、時間與整體場面也在掌握中。但也有潛在風險：一、難以定位：當你低頭瞥稿，一堆文字湧現，要瞬間找到位置並繼續唸出來並不容易，尤其是在有壓力的情況下。二、節奏斷續：眼睛搜尋演講稿時的短暫停頓，會讓聽眾感到不連貫。如果你真的必須依稿唸，以下提供三個實用建議：

- **增大字體**：確保字體足夠大，一眼就能找到位置。即使稿件頁數會增加，使用起來還是較便利。
- **調整行距**：放寬行距避免讀錯行，我偏好使用一．五倍行距。
- **善用標題**：加上清楚的標題或段落標記，方便你快速定位。

照本宣科有時候是合適的，但它可能顯得過於正式，甚至阻礙你與聽眾的互動。若想更自然，不妨考慮採用另一種方法：重點提示。

列出提示重點

準備口頭表達時，檢視你的筆記或講稿，問問自己：這些內容是讓你感覺良好，還是真的能讓你表現更好？這是截然不同的兩件事。照本宣科的講稿雖然讓人安心，但不見得能提升表現，而提示重點法能幫助你達到這個目標。當眼前只有關鍵語句，你往往能更專注地傳達訊息。下列是準備提示重點的建議。

1. 保留完整版本：將完整講稿另存一份以供參考。

2. 刪減內容：依段落進行刪減，僅保留關鍵語句作為重點提示。測試哪些語句能幫助你記起其他內容，若刪減過多則適度復原。

3. 逐步練習：

- 從單一段落開始，依據提示重點來演練。
- 熟悉每個段落後，將兩個段落合併練習，逐步擴大範圍。

4. 持續調整：確保提示重點能幫助你流暢地表達內容，而不會造成干擾。

提示重點能讓你的表達更自然，雖然關鍵語句不變，但前後填充的內容會因場合而稍有不同，讓人感覺更像是臨場發揮。你也會更有餘裕跟觀眾保持互動，而非單向地填塞內容。在練習過程中，測試何時低頭看稿最自然，避免過度頻繁而打斷了流暢性。看稿也是容易出錯的時刻，因此熟悉提示重點的位置至關重要。

我自己更偏愛與支持提示重點的表達方式，不僅提升你的講解能力，還讓你的表達更具說服力與吸引力。以下是我如何準備的例子，這是我在二〇二二年一場媒體發表會上的談話，當時鮑里斯・強森（Boris Johnson）才宣布卸任英國首相沒多久。為了種種原因，我使用完整腳本來進行；但如果這是較不正式的場合，我就會用重點提示準備成如下的形式。

我的示範

完整講稿

很高興來這裡與各位談談未來——以及最近的新聞。我要從七月六日星期三開始講起，那是一個暖和的夏日晚上，我當時站在唐寧街上。

距離我幾公尺外是著名的十號黑色大門，門後就是鮑里斯・強森。這位首相深陷政治危機之中。他的許多同僚都希望他下台，而在那一刻，我們都想知道一件事情——他會辭職嗎？

不過，當然，我們都不知道。我們當然也不會知道強森先生在第二天就屈服於壓力宣布辭職。

歷史學家或許會認為他的下台是無可避免。但是站在唐寧街的我，看著十號的窗戶在這個戲劇性的週三晚間仍然燈火通明，我卻無法確定。

不過我知道其他許多事情。我知道保守黨的說法，我也知道西敏寺最好的記者會報導什麼，我也知道鮑里斯．強森力求生存與遭到逼宮的過程。我知道他陷入政治風暴的長期原因。不論之後的發展與未來的走向為何，我已準備好資料，能盡力回應此一故事。

第一次刪減後的重點提示

我在這裡做了兩件事情：刪除了不需要用來提醒我句子大意的詞語，也省略了我確定能夠記住的資訊。

引言

- 我要與你們談談未來——以及最近的新聞。
- 七月六日星期三；暖和的夏日晚間；唐寧街。

- 著名的十號黑色大門。鮑里斯・強森深陷政治危機。
- 他的許多同僚都希望他下台。他會下台嗎？

我的情況

- 不知道強森先生在第二天早上就宣布辭職。
- 歷史學家；無可避免。
- 唐寧街；燈火通明；週三晚上。

我知道的事情

- 保守黨的說法。
- 西敏寺記者的報導。
- 鮑里斯・強森去留的個別理由。
- 他陷入麻煩的長期原因。
- 我已準備好資料回應。

第二次刪減後的重點提示

經過多次演練，我對其中的句子、敘述與要強調的重點都已十分熟悉。因此，保留下列的重點提示已足夠推動我講完全部內容。

引言

- 七月六日星期三；唐寧街。
- 他會下台嗎？

我的情況

- 第二天上午下台。
- 無可避免？

我知道的事情

- 保守黨
- 記者
- 逼宮過程
- 長期原因
- 足夠資料

若我當時的狀態處於巔峰……

下列三項重點提示就已夠用。

- 七月六日星期三
- 我的情況
- 我知道的事情

請你自問

- 字級夠大嗎？
- 行距合適嗎？
- 我能在一瞥之下就輕易找到重點提示嗎？
- 我能僅靠提示就流利地發表談話嗎？
- 我能流暢地講完整篇內容嗎？
- 我是否需要增加或減少重點提示？
- 當我要看重點提示時，是否仍能保持自信地講話？

背誦

在大多數情況下，背誦全文意義不大。相反地，專注於重點提示即可達到清楚表達的效果。當然，如果你有充分的理由需要熟記，後續我們會探討一些實用的記憶技巧。

視覺提示

如果你有視覺提示，口語表達的記憶負擔會大幅減輕。投影片或其他視覺工具能扮演如同重點提示一樣的角色，幫助你推進演說。最具說服力的演說是連貫且富有動能的，要做到這一點，你必須：

1. **熟悉投影片的內容與排序：**清楚知道每張投影片的主題與作用，而不是臨場依賴它作為講稿。
2. **將投影片融入解說：**確保你說的內容與投影片畫面搭配起來連貫流暢，而不是讓投影片牽著你走。

無論你是採用講稿、重點提示或背誦，視覺提示都只是你的輔助工具，而非掌控全局的引導者。

語速

語速對口語表達的影響不容輕忽。過快或過慢都會降低聽眾的理解與投入程度，因此，找到適合的語速是一項重要的功課。合適的語速除了有助於聽眾吸收資訊，也讓你更容易控制呼吸，講解更穩定且具有權威感。你可以嘗試下列方法：

- **錄音並回放：**錄下你的口頭演練，分析自己的語速與語調，記錄可以維持與需要改善的部分。
- **尋求他人回饋：**請朋友或同事聆聽你的演練，並提供意見。雖然可能令你感到尷尬，但這是進步的有效方法。

在評估自己的演練時，別只專注於缺點，也要記下自己表現良好的部分。幫助你保持優勢，同時針對不足之處改善。

在口頭表達的過程中，有意識地調整你的節奏，適時加快或放慢語速，可以增加表達的豐富性，並吸引聽眾的注意力。

強調的技巧

在溝通過程中，並非所有資訊都具有相同的重要性。透過語速、停頓與語調，你可以幫助聽眾抓住最關鍵的部分。以下舉例說明：

銷售下跌是在預期之中。產業協會發表聲明指出：「我們對於這樣的成績感到很失望，但遺憾的是，在法規實施後，這是唯一可能的結果。我們將**採取法律行動**。」根據該協會公布的數字，兩年前此一部門的銷售額是**一億英鎊**，去年卻是**一千萬英鎊**。

上文的前半部是在鋪陳相關內容，語速可以稍快。後半部以粗體字呈現的三項資訊是最重要的——採取法律行動，以及兩個極端的數據對比，適合放慢語速來突顯。以下是我的表達方式，粗體字代表要加重強調的訊息。

〔以正常語速開始〕銷售下跌是預期之中。產業協會發表聲明指出：〔略微停頓，加快語速〕「我們對於這樣的成績感到很失望，但是遺憾的是，在法規實施後，這是唯一可能的結果。」該協會繼續表示：〔回到正常語速〕「我們將**採取法律行動**。」〔略微停頓〕根據該協會公布的數字，兩年前此一部門的銷售額是〔語速放慢〕**一億英鎊**。去年卻是〔略微停頓〕**一千萬英鎊**。

依照指示唸完上文，你應該能感受到語速和語調如何幫助你傳達較重要的訊息。針對溝通內容的重要段落，你都可以如此規劃來引導聽眾的注意力，同時增加自己的說服力。

腳本標記技巧

我在二〇〇〇年代進入ＢＢＣ時，廣播電台的新聞播報員都會在腳本上做記號，以幫助他們播報新聞。我每次都會著迷地看著他們帶著新聞稿走進錄音室，隔著桌子觀察他們的腳本。我感興趣是有原因的。

我們只要一緊張，呼吸就會變得急促，妨礙我們的發言。不論你上台講話是否會緊張，預先規劃你要如何表達，都會讓你實際上場時更有把握，而呼吸就是其中一環。前面章節所教授的把長句分割成短句，對調節呼吸就很有幫助，而標記腳本則可以給予進一步的協助。以下詳細說明。

停頓（／）

句子結束時的自然停頓通常不需要額外標記，但在長句中或關鍵資訊間，適當地插入停頓對於保持節奏和呼吸至關重要。為此，可以用斜線（／）標記出需要停頓的位置。

這棟房子根本無法居住。它潮濕、窗户都被打破、屋頂會漏水，而且坦白說，臭不可聞。／我們只好全部拆掉，重新再建造一棟。

為了強調而停頓（／／）

我會使用雙斜線（／／）來標記需要特別強調的停頓位置。這種停頓的時間會比一般句子結束時的自然停頓更長，目的是要引起聽眾的注意，並為接下來的重要訊息營造適當的期待感。

我們必須自問幾個問題：／／
我們有經費做這個嗎？／／
我們在這方面有人脈嗎？／／
我們有這個能耐嗎？／／

繼續說下去（↓）

當你知道某個部分需要流暢地延續下去，不要因為習慣性停頓而中斷它時，這個標記可用來提醒你不要停頓、繼續講述，讓表達變得更有連貫性和張力。

> 這塊地很漂亮，但是有三個問題：河流遭到汙染↓、田地遭到汙染↓，空氣也遭到汙染。

畫底線（____）來強調重點

你需要強調的字詞可畫底線標記，作為提醒與方便看見。

> 此一計畫的經費已增加了百分之五十。

到了這個階段，標記的重點已經從幫助你理解內容轉變為幫助你清楚表達。你不需要標記整篇講稿，而是將注意力集中在那些你認為關鍵或具有挑戰性的部分。這些標記只是工具，而非束縛。以下是要記住的幾個原則：

1.選擇性標記：只標記需要特別注意的地方，例如語速調整、停頓時機或語調變化。

2.練習與熟悉：在練習過程中，利用標記幫助你找到最適合的節奏與語氣。當你足夠熟練時，試著逐步減少對標記的依賴。

3.自創記號：使用你覺得最直觀、最有效的標記系統，甚至用顏色區分不同的重點內容。標記的目的是為你服務，讓它盡可能地簡化。

4.臨場的彈性：即使稿件有標記，當你實際面對聽眾時，依舊需要保持靈活。目光和注意力應該在聽眾身上，而不是低頭閱讀稿子。

經過這些準備，接下來的重點就是自信地傳達你的內容，與聽眾建立真實的聯繫。

吃螺絲

吃螺絲是一個正常且常見的現象，即使對最有經驗的演說者也不例外。我在播報新聞的時候，儘管我在辦公室裡能用標準發音說出伊朗總統馬哈茂德・艾哈邁迪內賈德

（Mahmoud Ahmadinejad）的名字，但一進入電台錄音就會吃螺絲，沒有例外，這已成為我的心魔，更糟的是他還經常在新聞中出現。我每次吃螺絲，都會有好心同事提供唸他名字的竅門。但是問題不在這裡——我在錄音之外的場合都可以完美地說出他的名字。後來，只要他出現在新聞或訪問中，我都稱呼他為伊朗總統或伊朗領導人。就我所知，沒有人注意到這件事情，而我也能夠更有自信地播報與伊朗相關的新聞。對於如何處理和預防吃螺絲，我有一些策略可以降低出錯機率。

1. 辨識問題

找出讓你感到困難的部分，例如很難發音的字詞、複雜短語或重點句子。如果某些內容總讓你卡住，就多花時間演練這些部分。

2. 放慢速度，分段練習

就像練習樂器時需要拆解難點，你也可以把困難句子或段落拆分為更小的單位，逐步熟悉。放慢速度進行反覆練習，直到能夠流暢地表達。

3. 替換選項

如果某些字詞或術語難以記住，不妨尋找更簡單的替代選項，除了減少你的壓力，聽眾也易於理解。

在實際上場時，專注於溝通內容的核心訊息，而不要被吃螺絲牽絆。相信你的聽眾更在乎你傳達的重點，而不是完美的細節。接下來，我們來談談如何有效地控時。

控時

控時是一項至關重要的技能，因為它直接關係到你的表達效果和聽眾的感受。我曾在哥本哈根的一場會議上發表演說，事前我依照主辦單位給的時限做足準備，但當我實際上台講得正起勁時，主持人很禮貌地打斷我：「我覺得我們需要做結論了。」我才驚覺自己犯了兩項常見錯誤。首先，我的發言速度較我在旅館演練時要慢，因為我在練習時很放鬆，一股腦兒就講完了。其次，我臨場添加了一些銜接句子讓整體更為流暢，但同時也導致超時。我根據這些年來的實戰經驗彙整了一些控時建議如下。

1. 給自己留餘裕

在分配時間時，不要將時限壓得太緊。給自己留一些時間來應對可能的突發狀況，例如回答觀眾提問或臨場補充內容。

2. 估算時間

當你熟悉了自己的語速和講話節奏後，便能更準確地計算不同部分所需的時間，例如，一頁稿件大約需要講多久。用計時器來記錄，並養成這種估算習慣。

3. 避免臨時添加過多內容

雖然在表達中添加一些即興補充會讓你顯得更自然，但若不節制，也很容易導致超時問題。

4. 設置提示點

在你的腳本或演講大綱中，設置一些時間點的標記，例如「到此處應該用了三分鐘」。這樣能幫助你在表達過程中檢查進度，避免後續因時間不足而草草結束。

5. 設定省略部分

預先規劃哪些部分可以簡略處理或完全省略，這樣即使在時間不足的情況下，你也能優雅應對。

6. 注意外部干擾

實際上場後，環境、主持人或聽眾都可能影響你的表現，例如掌聲、笑聲或提問都可能占用額外時間。

7. 記住核心信息

無論你的內容最後因時間之故做了多少調整，要確保你的核心信息被完整傳遞。架構清晰和重點分明的溝通，會讓你在時限內達到最大的影響力。

熟悉場地

大學時期，我迷上了ＢＢＣ第五直播台的節目《徹夜未眠》。這個節目收錄世界各地五花八門的故事，成了我每晚的固定伴侶。我一邊聽，一邊夢想自己成為一名全球新聞記者。

十年後，我的願望成真，還被邀請代班主持這個節目。我欣然答應，但沒過幾週，我的腦袋就開始上演「什麼都可能出錯」的戲碼。

那是個週五晚上，我的《徹夜未眠》主持處女秀，也是我在ＢＢＣ的首次登場。對身為ＢＢＣ第五直播台鐵粉的我來說，這是一件大事。然而，隨著時間開始倒數，我的緊張指數也直線飆升。雖然對採訪不陌生，但節目開場、播放音樂、播報新聞這些細節讓我感到焦頭爛額。

妻子莎拉一語驚醒了我：「你為什麼不先進錄音室熟悉環境？」於是，我趁休假日專程跑去演練，從開場到結束，甚至連新聞播報也都練到爛熟為止。麥克風的位置、筆記的擺放，連窗外控制室的視野也一一確認。經過這次預演，我著實安心了不少。到了週五當天，我提前進入錄音室，又演練了一遍。雖然上場時還是免不了緊張，但對環境的熟悉讓我安然撐過首播。

十年後，德國大選辯論會的主持邀約再次考驗了我。這場直播規模龐大，場地設在柏林的德國歷史博物館，還有五台攝影機全程跟拍。我決定參照以前的經驗——提前熟悉場地，演練腳本、調整站位，甚至與製作團隊確認每個細節。雖然上場時緊張依舊，但在倒數計時

「三、二、一」的那一刻，我知道自己準備充分。

這個習慣伴隨我至今。即使在無法實地踩點的情況下，我也會盡可能事先了解場地。像有次要在ＢＢＣ執行委員會發言，會議室無法提前進入，我就研究起場地設計圖，確認自己的座位與螢幕的位置。這個作法讓我即使面對第一次踏上的場地，我都能快速找到自己的節奏。

我們不用每次發表演說都如此折騰，重點在於找到讓自己自在的方法。對我來說，熟悉環境就像穿上合身的衣服——自在的感覺會讓我表現更好。

雙手的擺放

每次提到「安排雙手的擺放」，總會有人笑出聲來。但相信我，這值得認真對待。除了不讓雙手造成干擾，還能強化你的表達。如果沒有事先安排雙手如何擺放，它們可能會自作主張，搶走你應得的注意力。

首先問問自己：哪隻手最愛「惹麻煩」？對我來說，右手更為好動，所以我大多用右手做手勢，左手則負責穩定局面。如果坐在桌前或站在講台後，我會把左手輕放在桌上，甚至握住桌緣，讓它乖乖待著。如果需要使用遙控器，我會用左手握著，垂在身側，右手則負責做手勢表達。站立時，我會把空著的雙手交疊放在身前；坐著時，我則會把雙手輕放在大腿上，必要時用右手強調重點。

上述並非一成不變的規範，每個人感到自在的方式都不同，關鍵是避免讓雙手成為聽眾分心的禍源。不妨以你曾見過那種手勢突兀的講者作為借鑑。

站姿

你的站姿不僅影響你是否感到自在，更直接影響聽眾對你的觀感。我們的溝通很多是基於日常互動的本能，而訣竅在於，即使處於正式的場合，也要試圖找回日常的自然舒適感。

回想一下，你在聚會或辦公室與人對話時是怎麼站的？雙腳通常不會完全平行地向前，因為既僵硬又不穩定。試著把腳尖稍微調整到你平時習慣的角度，然後一隻腳略微向前、膝蓋微彎。這樣是不是更穩重、更放鬆了？

身體的角度同樣很重要。在日常對話中，我們很少正面對峙地站著，通常會略微側身。無論是在演講、簡報或談話中，都不需要刻意改變這點。用自然的角度站立，會讓你和聽眾都覺得舒適。

根據我多年的經驗，適度走動並不會有損整體表現。我一直是利用一面大型觸控螢幕來進行報導，這面螢幕位在俯瞰ＢＢＣ新聞室的夾層上，它很巨大，我必須走靠近才能使用它的功能。這樣的操作讓我學到一個寶貴教訓：走動本身並沒有問題，問題在於你要知道在哪裡停下來。如果你漫無目的地找位置，就會顯得茫然沒有自信。但如果你明確知道為什麼走動、要去哪裡，反而能為你的表現增加變化。在演說前，先想好自己的起始站位和可能的走動路徑，找出讓你感到自在的空間和位置。即使大多數時間都站在原地，像日常聊天那樣適度移動可以避免你看起來僵硬如雕像。

就像表達的其他層面一樣，重點不在於你要做得多完美，而在於有清晰的計畫讓你看起來篤定有自信。

你已學完七個步驟

恭喜你完成了七個步驟的學習，這是一個值得慶祝的時刻，因為你已掌握了一套完整的工具，幫助你清楚且有力地傳遞訊息。透過這些準備工作，你不僅能更自然自信地發揮，也能讓聽眾更專注於你的內容。

當你逐次實踐這些步驟時，它們最終會成為你的第二天性，幫助你應對任何溝通場合。如果你發現某些部分需要改進，請回顧並溫習該步驟的準備策略。以下是七個步驟的綱要。

清楚表達七步驟——快速察看

一、策劃

二、蒐集資訊

三、篩選資訊

四、整理資訊
五、串連資訊
六、濃縮
七、傳達

你已準備就緒，祝你表達順利。

Chapter

4

臨場表達七步驟

追求表達清晰，像極了高強度的健身運動——開始時痛苦不堪，但堅持下去，你會突破瓶頸，迎來酣暢淋漓的快感。老實說，我在運動上少有這樣的成就感，但在表達這件事上，卻深有體會。從最初的壓力山大，到逐步駕馭局面，這種轉變令人欣慰。

在可事前準備的情境下表達已經不容易，而在互動變數繁多的場合中，要做到清晰、有力，更是一項挑戰。你無法預知對方的提問、反應，甚至感受，那麼如何在不受控的局面下，保持表達的精確、清晰和吸引力呢？

答案除了表達技巧之外，還需要一套臨場應變的技能。我是在二〇〇二年一堂ＢＢＣ訓練課中初次領悟到這點，那堂課程的核心概念是：「不管被問及什麼，說你想說的。」當時的我，身為新聞界新手，對這種主導權抱持半信半疑的態度，但也深受吸引。課程以記者如何在突發新聞中面對提問為主題，相關重點還包含整理資訊、有效傳遞。雖然訓練的場景聚焦於短短幾分鐘的電台報導，但我腦中卻浮現了更廣泛的應用場景：從交談到會議，從訪談到談判，這套技巧具有扭轉溝通局面的可能性。

我開始觀察那些溝通高手——如何巧妙轉移話題，如何臨場用簡短精準的句子切中要點。過程中，我明白了：很多「即興發揮」其實是精心準備的成果。

之後的幾年間，我持續摸索如何在無筆記、無腳本的情況下有條理地表達想法。雖然一路磕磕碰碰，但在那堂課埋下的種子持續發芽茁壯，讓我不斷修正與進步。

如今，我已能在充滿變數的場合中應對自如，無論是廣泛的主題或即興的對話，我不再惶恐，反而充滿信心。

這種感覺，就像飛機經過巨大推力與躁動的起飛過程後，迎來的平穩飛行。你可能曾感到好奇，那些侃侃而談的主持人是怎麼做到的？事實上，沒有什麼特殊的祕訣，只是技巧的持續練習。一開始看似遙不可及，但只要慢慢積累，就會愈來愈得心應手。

接下來要談的，是我們如何臨場表達自己，我把「清楚表達七步驟」做了如下調整。

一、策劃
二、蒐集資訊
三、篩選資訊
四、整理資訊

五、口語化

六、背誦

七、提問

第一步到第三步：籌備資訊

臨場表達七步驟的起始作法，跟之前一模一樣，如果需要，你可以回頭參閱第三章。經過前三個步驟，你將擁有龐大的資訊留待第四步驟進行整理。

第四步：整理資訊

在這個步驟中，你將首次看出「受控」與「臨場」表達之間的不同處理方式。

受控表達：如說明會或撰寫論文，允許我們花時間精心編排資料與主線。

臨場表達：如即興提問，則要求我們現場組織內容。因此，內容架構必須簡單、易記，並以實用為導向。

基於此，我建議每條主線最多準備五項資訊。超過五項就會難以記住，也不易快速組織。如果覺得五項不夠，那麼你應考慮把該主線拆解為兩條，以保持簡潔。根據主題的難易程度，你的主線數量會有所不同，但無論情況如何，控管每條主線的資訊數量，才能讓你在準備與表達上保持靈活與清晰。以下是我習慣採用的基本架構（可依你的具體需求進行填充或延伸）。

在每條主線下，清楚條列該組資訊的核心重點和目標是至關重要的。這樣的明確性能讓你在串連資訊時，邏輯更加緊密。以下是整理主線的建議流程與範例：

整理主線的步驟

1. **確定重點：**這組資訊的核心是什麼？你希望對方理解或記住什麼？
2. **添加事實：**運用具體事實來支持重點，提供清晰可信的依據。
3. **補充背景：**提供背景資料，增強資訊的深度與說服力。
4. **評估深度：**是否需要進一步擴充，依場合與溝通目標調整內容深度。

主線A	主線B	主線C	主線D
重點	重點	重點	重點
事實	事實	事實	事實
事實	事實	事實	事實
事實	事實	事實	事實
背景	背景	背景	背景

範例：應徵工作的活動規劃經驗

主線：曾負責舉辦多項大型活動

- 重點：擁有跨國舉辦大型活動的豐富經驗
- 事實1：擔任二〇〇〇人集會的專案經理
- 事實2：負責預算、人事與行銷的全面規劃
- 事實3：在五個國家擔任自由接案的活動策劃師
- 背景：近期被拔擢為現任公司的活動策劃部經理

如果活動經驗在你應徵的工作中具有重要地位，可考慮把每項事實擴展為單獨的主線。無論是準備面試、演講或即席問答，清晰的主線與充足的背景資料能讓你的表達更有層次且具有說服力。

在某些情況下，四條主線足以應付需要，但在訪談或業界集會等更複雜的場景中，你可能需要更多主線。當主線數量較多，你可以把相關性高的主線分組排列在一起。這樣的作法能幫助你從一個主線流暢切換到另一個。例如，當你在面試被問及「帶人經驗」時，你馬上

就想到有兩條主線A和D可以用來回答此一問題，如下表所示。

此刻，我們已清楚知道主題、已蒐集所需資訊並經過篩選、將其整理成條理分明的主線（各具有明確目標）。如果情況需要，我們甚至能靈活地把這些主線進行分組。雖然前四個步驟需要投入較多的時間與精力，但事先充分準備，無疑會讓你臨場應對更加自如。

請你自問

- 你的主線目標是否都定義清楚？
- 你的主線資訊是否充足？

帶人	策略	創新	銷售
主線A	主線B	主線C	主線E
主線D	主線G	主線F	
	主線H	主線I	

第五步：口語化

在「清楚表達七步驟」中，口語化是放在最後一步。不過在臨場表達的情境裡，現在就要談到它，因為相對於擴充與連結資訊，口語化更加重要，大腦和舌頭需要熟悉所掌握的資訊。

試著想像你在與人互動時，尤其是正式場合，大腦需要快速運轉，思考問題、構思回答、選擇重點、控制時間，還要保持條理分明，十分忙碌。就像開太多程式的電腦會容易當機。而提前把資訊口語化，讓它們容易表達，就是在幫大腦釋放更多運算空間。我在二〇一七年報導荷蘭大選時，學到口語化的深刻教訓。

那年大選，我在海牙廣場（Het Plein）做直播。事前的準備工作看似完善，但當天上場前跟同事談起這場選舉，卻驚覺我無法流利表達。我蒐集與整理了資料，也做了筆記——卻沒有「練嘴」。於是趕緊趁直播前的空檔捧著手機筆記，在廣場上邊走邊喃喃練習，才漸漸變得順暢。這個經驗教會我，唯有實際練習說出口，你才會知道什麼樣的用字遣詞能讓你流利表達。

在很多場合中，用筆記來提醒自己特定數據或引言是有幫助的。但在一般會議、訪問或面談中，太依賴筆記往往拖垮流暢度。我曾見過新人記者帶著厚厚的筆記來直播，無法及時找到所需資訊，結果破壞節奏、造成冷場。相比之下，經驗豐富的人依賴筆記的時機就少得多，甚至根本不需要。

在我當主播的經驗中，舒緩緊張的最好方法是在上場前閒聊。我通常會建議上我節目的記者或來賓提前幾分鐘抵達，我們站在攝影棚內閒聊即將錄影的內容，也讓他們熟悉四周環境。當他們開始像平常講話一樣自然後，表現通常會更自在、也更好。

把每一條主線口語化

我們開始來熟悉自己準備的內容，下列每一步都有助你流利說出這些資訊。

試著解說其中一條主線

想像有人向你提問某一條主線的問題，並練習回答。以下是進行步驟：

- **檢查資訊排序：**回答提問時，請檢視資訊的排序是否符合邏輯？若不合適，調整到自己滿意為止。
- **注意用詞和短句：**哪些用字遣詞和句子講起來最順暢，找到自己的最佳組合並牢記。
- **不求快，只求穩：**練習到你可以流暢表達為止。

這是在會議或面談前的絕佳準備工作。在很多情境中，你只需要三至五條主線就足以應付，上述練習並不會耗掉太多時間，又能幫助你更有自信地表達。

連結兩條主線

在臨場表達中，我們無法事先預判會用什麼順序談到各主線。因此，流暢地從主線A切換到主線B，或從C到A，對於表達非常重要。任意挑選兩條主線來練習銜接，完成後再連接另一條，並記下自己滿意的連結方式。可以嘗試用不同主線順序的排列組合來進行練習，如下圖所示。主線與主線之間的關聯性，有時候相輔相成，有時候則相距較遠。你尤其需要為後者創造自然的連結，而銜接性短句就是你可以善用的工具。

銜接性短句

有些短句可以幫助你在主線之間穿梭，它們不包含具體資訊，但能讓轉換變得毫無違和感。以下是一些範例：

- 這是我要強調的一點，另一個重點是……

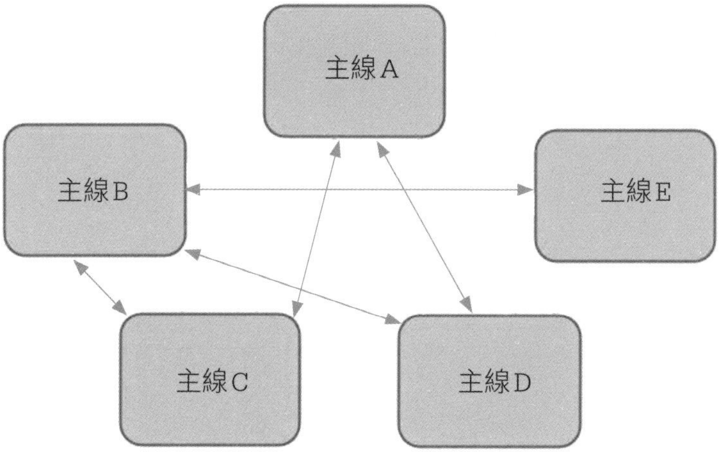

練習不同組合的主線連結

・除了這個，我們還需要談談……
・以此為基礎，我們可以進一步……
・這不只牽涉到單一面向，其他層面包括……
・如果這是問題的A面，那B面就是……
・這另外也關係到……

上述短句用來宣告你已談完一個段落，要進入下一個。善用它們來建立主線之間的過渡，減少停頓、保持連貫性。

請你自問

- 你是否能夠自在地以口語表達你的資訊？
- 你能在不同主線間自在地進行轉換嗎？

創造思考間隙

在一場流動而不可預測的對話中，要做出成功的溝通，你需要時間整理思緒。由於事先不知道對話的走向，能用來組織內容的時間通常很短促。但在這樣的互動中總會有一些小間隙可以善加利用。甚至在必要時，你也可以為自己創造間隙。在關鍵時刻爭取到這樣的喘息時間，就宛如改寫了遊戲規則，你能更好地組織回應，趁勢把對話導引至我們想說的話。

我發現這一點，是受到馬修．施雅德（Matthew Syed）的著作《練習的力量》（*Bounce*）啟發，[9]這本書談的是運動表現與天賦間的關係。（施雅德認為天賦的重要性沒有想像中那麼大，有目的性的練習反而更有意義。）書中有一些段落令我至今仍牢記在心，施雅德曾受邀參加一項推廣活動，與前溫布頓網球冠軍麥可．史提西（Michael Stich）打網球，他敘述如下：

> 我要史提西以最快的速度發球。他是這項運動有史以來發球最快的選手之一（他個人最好成績是時速一三四英里），我很好奇擁有二十年國際桌球賽經驗的我能否接住他的發球，

並且反擊回去。

麥可・史提西同意了。他先去熱身，然後回到球場。

史提西將球拋到空中，弓起身子，然後看來彷彿是一陣旋風，發動他一連串的發球動作。即使我看得到他的球拍與球接觸，網球依然從我右耳邊呼嘯而過。我甚至還來不及轉動脖子，球就已經擊中我身後的綠色布幕。

馬修・施雅德的桌球經驗顯然沒什麼幫助。為了弄懂箇中原理，他去拜訪利物浦約翰摩爾斯大學（Liverpool John Moores University）的一位學者——馬克・威廉斯教授（Mark Williams）。首先，他得知職業網球選手是透過觀察身體來預判對方的發球（但他都是看球拍）。威廉斯教授進一步解釋：

這不只是知道要看哪裡那麼簡單，還必須掌握你要看什麼與其中的意義。這是要觀察動作與姿勢中細微的模式與線索，自其中獲得資訊。一流的網球選手都能夠做出少量的視覺鎖定，並由此將關鍵資訊「組塊」（chunk）。

換句話說，職業選手不僅知道要尋找什麼資訊，也知道該如何使用，從而獲得優勢。馬修．施雅德引述加拿大麥克馬斯特大學（McMaster University）運動機能學名譽教授珍妮特．史塔克斯（Janet Starkes）的說法，指出：

預先取得資訊形成了時間悖論，高手似乎擁有用不完的時間。他們其實是辨識熟悉的場景，將感知的資訊組塊（chunking）成具有意義的整體或模式，加快流程。

我對此深有同感。我經常觀看多種運動，驚嘆於某些選手的遊刃有餘。我也贊同辨識「熟悉的場景」很重要，這能加快我們的反應速度。如今回頭再看這本書，發現其中有許多觀念都與表達相關：「組塊」（把資訊打包成組塊，視為一個整體來記住，而不是記住組塊內的所有元素）不僅適用於運動，更是表達的核心。就像優秀的網球選手預判對方的發球，讓自己有更多時間依據自身的訓練做出反應；表達也是如此，我們可以預判會被問到什麼問題，為自己創造間隙，思考如何組織資訊。

接著，我們即將進入臨場表達的最後兩個步驟。

第六步：背誦

幾年前，我坐在大姊家的客廳裡，周圍都是小孩的物品，我的目光被一件玩具吸引——一款名為「賽蒙」（Simon）的記憶遊戲。它有四個按鍵：紅、綠、藍、黃。玩法很簡單：按鍵會輪流閃光，你需按閃光順序重現顏色。隨著挑戰難度增加，閃光的序列愈來愈長，測試你的記憶極限。

剛開始玩時，我的記憶力止步於十次閃光。但漸漸地，我發現大腦會自動將序列分組，比如「綠、黃、黃、綠」和「紅、藍、黃、黃、綠」。雖不明白分組邏輯，但這方法讓記憶變得比較輕鬆。跟大姊閒聊時，我的心思都還掛在那玩具上頭。

回家後，我在手機上尋找「賽蒙」app，沉迷於挑戰新紀錄。玩久了，我開始替每組序列取名，如「雙綠」或「黃色三明治」，並將這些小組整合成更大的「記憶模塊」。這種組塊技巧讓記憶變得更有條理。

不久後，我被派往希臘採訪債務危機。希臘債務危機是一則雜亂無章、艱澀複雜又充滿變化的故事，這些發展也是我在當地十天期間的頭條新聞，這代表我出現在電視上的次數大增。在電視直播中，我無法參考筆記，只能依賴記憶。我想起「賽蒙」的記憶技巧，把資訊組塊，再視需要快速提取、重組，幫助我在鏡頭前應答自如。回國後，我開始研究組塊的應用。與「賽蒙」遊戲不同的是，現實中的資訊不是固定排序，而是需要快速提取並靈活排列。經過練習，我逐漸掌握這項技能，把資訊視為積木，在臨場情境中按需要取用。它對我的幫助，遠不止於我頂著希臘豔陽站在電視攝影機前那一次而已，它也在工作會議、簡報、家長會等場合發揮奇效。

當你把資訊記熟，它們在腦海中彷彿具象化成積木，等著被你取用與排列。以下是我多年來的心得。

記憶技巧

記憶在溝通上的應用沒有一成不變的規則，你需要根據場合變活應用，對我來說，「組塊」是所有記憶技巧的核心。

最基本的組塊，是識別資訊、記住順序，然後把它在腦海中標記為一個單位。更進階的做法，是把多個組塊排序後視為一個整體記住。我玩「賽蒙」遊戲就是這麼做的，只是當時不知道這便是「組塊」的概念。回到表達上，每條主線都可視為單一組塊，而每個組塊裡都有我們事先歸類的訊息。

第一級：記住單一主線

這一級適用於簡短的會議或對話，你只需要準確傳遞一條主線的訊息。試試在沒有筆記輔助的情況下，能否清晰地表達主線內容。如果你在第五步驟的練習夠扎實，應該不成問題。面對不同場合，你需要涵蓋的事實、重點與背景各不相同，但要確保每個組塊的元素不超過四到五個，元素過多只會讓記憶變得困難且容易出錯。

假設你的主線如下頁所示。練習的起點是背誦各線元素，熟記之後，再把每一條主線的元素像在演說一樣串連起來。

第二級：記住兩條主線

這一級是選擇兩條互補的主線來練習。首先，依序敘述每條主線的內容。接著再反向進行，從第二條主線連結回第一條，直到你能把它們自然地串連。

然後，繼續挑選另外兩條主線練習。你在過程中會發現，多餘的贅詞逐漸消失，原本卡住的部分也變得更加流暢。

最後，把每條主線寫在個別的便條紙上，隨機挑選兩張，挑戰自己能在這兩條主線之間順暢地轉換。

第三級：記住多條主線

這一級練習適用於需要處理大量資訊的會議、訪談或對話，以下是進行步驟。

主線A	主線B	主線C
重點	重點	重點
事實	事實	事實
事實	事實	事實
背景	背景	背景

1. 從少量主線開始

若你的主線少於五條，為它們排序，嘗試依序完整地敘述。接著改變主線順序，模擬在現實中可能需要逆向敘述的情況。練習完，再從不同主線開始起頭，以此來培養靈活切換主線的能力。

2. 把主線分組

當你的主線超過五條，則進一步將其分組，把每一組視為單獨的組塊，保持資訊簡潔易記。

3. 模擬實際應用

針對面臨的場合，寫下可能被問及的問題，並嘗試用不同組塊作答。隨機選擇組塊，看看你是否能快速組織內容並流暢回答。

要掌握記憶與組織內容的能力沒有快捷的法門，需要反覆練習。當你發現自己能靈活運用組塊，快速組織，你就進入了一個新的高度。這些技能已內化成你的反射動作，無論問題如何變化，你都能從容應對。

這一級已是我記憶方法的頂峰，接下來，讓我們看看記憶大師的進階技巧吧。

第四級：長而複雜的內容

需要快速掌握龐大資訊的場合，要比前三級少得多，但如果遇上了，這些場合對你可能就很重要。多米尼克．奧布萊恩（Dominic O'Brien）是多屆世界記憶冠軍，他認為，提升記憶能力的核心在於強化工作記憶（Working Memory）。

他舉例說明，短期記憶只能儲存四到六項資訊，就像你去參加派對，當別人介紹超過四至五個人的名字後，你就會開始記不清了。另一方面，我們都有些完全穩固的記憶，是不太可能忘記的，例如你能精準描述家中的擺設，這就是長期記憶。記憶專家主張我們利用這種穩定的長期記憶，來支援存取資訊的能力。工作記憶就是在運用你的長期記憶（曾去過的地方）來處理新接收的資訊（初次造訪的地方）。

多米尼克引述另一位記憶專家崔西．阿洛維（Tracy Alloway）博士的說法，指出我們的工作記憶就像一張桌子。有些人只會空出桌子的一小部分存放記憶，但我們可以把存放記憶的區域擴大。這樣的說法符合我練習記憶技巧的經驗，隨著日益熟練，也明顯感覺到自己的記憶桌面擴大了。

多米尼克如今已是多位演員、企業執行長、財務長等人的記憶教練，幫助他們改善存取資訊的能力，尤其是在處於壓力的環境下。他的方法可歸類成下面三種。

1. 故事法

把多個主題串成一個荒誕但易記的故事，重複幾次後，這故事就會變成一個記憶單位。例如，你需記住五個主題，可安排這些主題在故事中自然轉換，便於提取。

2. 旅程法

選一條熟悉路徑，把資訊附加在各個不同的位置上。例如公園大門、長椅、遊樂場、網球場、冰淇淋店等五處分別代表五個主題。這方法可靠又高效，甚至能讓人記住數千條資訊。（這也是他贏得世界記憶冠軍的方法。）

3. 記憶殿堂法

若資訊提取順序無法預測，記憶殿堂法就可派上用場了〔電視劇《神探夏洛克》（*Sherlock Holmes*）曾提及此法〕。以一個熟悉的地點為基礎，每個房間代表一個主題，房間裡的擺設對應著具體資訊。你可以「四處走動」，召喚你需要的內容。例如，客廳代表美國，那麼客廳裡的音響就代表美國的出口紀錄。看似荒謬，卻很能幫助記憶。

多米尼克的這些方法除了幫助記憶，更重要的是也能減輕你的壓力。

記憶技巧的實踐

我對記憶技巧的興趣源於一次偶然遇見的「賽蒙」遊戲。起初，這些方法只是我的小實驗，但現在，它們已成為我溝通表達的核心。如果你辛苦蒐集、篩選來的資訊無法有效傳遞，不是太遺憾了嗎？

多米尼克曾謙虛地說：「我一直覺得自己是個笨蛋。如果連我都能成為八屆記憶冠軍，任何人都可以。」這句話點出了記憶技巧的普遍適用性。事實上，它對我的幫助不可估量。

現在，我要解說某個主題時，我會設想一座「置物架」，上面放著一個個資訊組塊。每個組塊都代表一條主線。當有人提問，我就在架上搜尋：「哪一個組塊最適合回答這個問題？」我會選擇一到三個組塊，重新排列，然後以最適合當下的方式呈現。

記憶技巧不僅提升了我的資訊管理能力，也讓我在面對提問時更從容自信。技巧再加上練習，是你成功表達的雙重保證。

請你自問

- 你清楚自己需要記住什麼嗎？
- 你已決定使用哪種記憶技巧嗎？
- 你是否曾練習在沒有筆記下進行表達？

第七步：提問

在動態的情況下，對方的提問能為你創造講話機會，它是互動溝通中不可或缺的一部分。當我們處於一個身為焦點的情境，例如做簡報、與客戶會面、求職面試等，對你的提問就會不斷出現。

在這些情境下，你某種程度上無法主導話題走向，就像網球傳奇好手羅傑・費德勒（Roger Federer）也無法控制別人發給他什麼球，但別擔心，他還是有多種方法來回擊發球，你也有面對提問的策略可使用。當你應付裕如，就能在回答提問時帶入你認為相關的資訊，掌控主導權。

預測問題

我在做過數百次訪談後，學到一件重要的事情，那就是整體而言，人與話題是可以預測的。我們的興趣、關心的事物、使用的詞彙、個性與職業，都不會在一夕之間改變。如果我們曾鑽研一項主題，那麼下次要針對相同主題進行解說時，內容可能大同小異。我就是活生生的例子，如果你（不幸）在五個不同場合看到我談論解說影片，就會發現我使用的都是類似的內容、詞彙、統計數字與概念。

不只如此，如果有一群人對你的內容提出一些問題，另外一群工作性質相近的人就可能有同樣的疑問。或者看看電視上的政治人物、影星、商業大亨訪談，他們被問到的問題大部分都是換湯不換藥。如果你是接受提問的人，這樣的情況對你有利，你可以預測問題。

一、你最可能被問到什麼問題？

思考你對當下情境所能掌握的事情，包括溝通主題、可能的提問人、聽眾感興趣的領域，然後寫下你認為會被問到的問題。

當你面對的情境比較單純，這樣的準備工作通常就夠了。但如果是更具挑戰性的場合，請繼續看下去。

二、若聽眾是你，你會問什麼？

這是我最喜歡的環節。假設你是提問的一方，你想問什麼？

三、如果你想為難人家，你會問什麼問題？

當你想刁難講者，你會問他什麼問題？把你能想到最困難的問題收錄在問題清單中。

四、你不希望被問到什麼問題？

跟第三類問題不盡相同。我發現自己有時候會避談主題的某一個區塊，可能是還沒想出最好的解說方法，也可能是還沒有詳盡的資訊。留意讓自己感到不自在的部分，把它們列入問題清單。

五、在偏離主題的邊緣處，可能冒出什麼問題？

你總是可能被問到跟主題沒那麼相關的問題。在我的記者職涯中，這類問題總是出乎意料，也比較枝微末節，但確實可能發生。

六、如何進一步了解提問的人？

想要在互動中更上層樓，了解對方是關鍵。幸運的是，有許多方法可以做到這一點。

當你要跟合作廠商開會，可以先向其他同事打聽：廠商特別在意哪些議題？關注哪些優先事項？當你要拜訪一家公司或機構，試著跟知情人士交流，了解對方對你的主題抱持何種觀點。或搜尋對方公開談話的影片，從他們的關切議題與提問風格中尋找蛛絲馬跡。

就像透過研究歷年考古題來準備考試一樣，這是一種「從未知找出模式」的能力，了解對方過往的溝通或提問習慣，能幫助你做更好的應對準備。

經過上述六個程序，你現在已有一張問題清單，接下來把你的問題歸納成三大類：

- 你可以回答的問題
- 你需要研究如何回答的問題
- 你需要補充新資訊才能回答的問題

規劃你的回答

首先，從你的問題清單第一類開始，挑出你可以回答的問題。有些問題只需簡潔的「是」或「否」就可搞定，有些則需要從主線提取更多資訊來應答。練習回答的重點在於有條理、清楚明白。搞定一個問題，就換下一題。

至於第二類——需要研究如何回答的問題，先問自己，是不知道說什麼，還是不知道怎麼說？先解決「說什麼」，再處理「怎麼說」。如果一時間不知道如何回答，不妨向身邊的同事、朋友或家人請益，或休息一會兒，靈感可能就找上門了。千萬別逃避這些困難的問題，萬一真的被問到，你才能從容應對，而且這些問題往後也可能重複出現。接著利用主線資訊和銜接短句來練習回答。

最後一類是需要更多資訊才能解答的問題。如果你自認在擬定主線時已涵蓋所有重要資訊，這類問題通常都已離題、重要性較低，採取「蜻蜓點水」原則簡單回應幾句即可，接著迅速轉回正題。

臨場回答問題

我們已經盡可能做足準備，讓大腦不必在場上臨時抱佛腳，就像用心複習的學生在考場上遇到熟題不會慌張一樣。但現實是，問題不見得百分之百如我們預期，反應不及或答非所問都會減損我們的可信度。我們需要具備即興組織答案的能力，我接著用一個假想的面試場景分享訣竅。

面試者：「這個新職位需要管理一支大型團隊，請談談你過往管理團隊的經驗，包括可以展示你的判斷與領導能力的具體案例。」

提出這個問題大約需要十七秒，而其中的關鍵字「管理」會在第三秒後出現，這就給了你十四秒組織答案的思考時間。你表面上仍在傾聽問題，但腦中已在迅速抓取資料與構思回答順序。順利的話，當問題結束，你的答案也準備就緒。

這裡的關鍵在於「解讀問題」。每個問題都可以濃縮為一兩個關鍵字，例如「管理」和「團隊」。當你聽到這些詞，就能迅速判斷提問方向，為自己爭取寶貴的思考時間。

別小看這幾秒鐘，它們是幫助你從容回答的起點。你不妨從問題清單隨機挑選一個問題，思考十秒之後再作答。隨著經驗累積，你會發現這短短幾秒鐘已經夠用。

解讀問題就像判斷網球的發球，你若看得清，就能接得穩。更妙的是，這短暫的片刻不僅能讓你組織回答，還能為你增添幾分的從容。

預告答案的架構

當你在聆聽問題時，也是在選擇主線與決定回答方式的時候。你可能立刻有自信地給出答案；但如果需要更多時間，不妨先預告答案的架構。這有兩個好處：一來是為自己整理思緒；二來是為聽眾提供指引。

以上述的面試問題為例：「這個新職位需要管理一支大型團隊，請談談你過往管理團隊的經驗，包括可以展示你的判斷與領導能力的具體案例。」你可以如此預告：「我想特別強調三段管理團隊的經歷：第一是在 X 的時期，接著是在負責 Y 業務期間，最後是在 Z 擔任行銷經理的經驗。」

這三段經歷（X、Y、Z）就是你的主線，以結構化的方式預告，讓你的回答更有條理，聽眾也能更輕鬆跟上。如果是要針對某個議題發表看法，你可以如此說：「在這個議題上，我認為有四個關鍵因素需要考慮。第一是……。」

映射語言

回答問題時，為了避免自己答非所問，我會特別留意發問者的用詞，並將其映射到我的回答中。

我們同樣以面試問題來舉例：「這個新職位需要管理一支大型團隊，請談談你過往管理團隊的經驗，包括可以展示你的判斷與領導能力的具體案例。」此問題有幾個關鍵詞：「管理團隊」、「判斷」與「領導能力」。這些詞會成為我回答問題的指引，並在答案裡使用相同詞彙，像是：「我在行銷經理的任期中，管理了一個十人團隊，這段經歷展現了我的判斷與領導能力……」接著舉出具體案例。

「映射語言」具有兩大優勢：一是讓回答與問題緊密貼合，避免離題；二是向發問者展現出你有仔細傾聽，讓他們感覺受到尊重。

整合回答

如果你對前述回答提問的技巧皆已純熟，你應該能做到：

- 在對方提問時爭取時間，開始規劃答案。
- 取用事前備妥的主線資訊。
- 使用連結短句流暢地在主線間切換。
- 利用提問中的關鍵詞語來作答，確保自己不離題。

我們大多希望能切中要點地回答問題，尤其像是面試這種場合，直接回答問題至關重要，否則很難給人留下好印象。

然而，也有一些情況是你不論被問到什麼問題，都想傳遞一些關鍵資訊。接下來幾個技巧，就是要幫助你掌握主導權。

說你想說的

這又讓我回想起二〇〇二年ＢＢＣ的那堂訓練課：無論被問到什麼問題，都能說你想說的，而且毫不冒犯。這堂課的核心在於，我們有重要訊息要傳遞，然而，提問者可能沒給你這個機會；又或者，你被問到一些沒有太多話題可延展的問題，卻希望藉機談論你真正想討論的主題。

這種情況經常發生，參與的會議未觸及你認為重要的議題，或你希望強調的環節被忽略，又或者在求職面試中，提問無法讓你完整展示自己的價值。無論是哪種情況，我們都要有能力巧妙引導對話方向，主動傳遞重要訊息。

我們接著依序探討可能面對的情況。

擦邊球類型的問題

當你被問到一個問題，但你真正想談的是另一個主題，你的回應重點就在於巧妙引導話題。例如你參加一場出版業會議，問題圍繞著「銷售」，而你真正關切的是「行銷」。當你聽到「銷售」這個詞，首先解讀問題並搜尋相關主線，但同時也準備將話題導引至行銷，你可以如下回答。

1. 從銷售開始：「是的，今年的銷售成績真的很好，令人鼓舞……」（進入銷售的主線）。

2. 轉至行銷：「銷售有如此亮眼的表現要歸功於行銷，例如……」（導引至第一條行銷主線）。

3. 深化行銷：「這是我們行銷的一個面向，另一個是……」（進入第二條行銷主線）。

4. 回歸銷售：「所有行銷工作皆有助於去年的銷售大增。」（將話題帶回問題本身）。

回答策略是從問題出發，經過巧妙的繞道延展，最後再回到原本的主題。儘管聽眾可能察覺到你稍微偏離主題，他們通常不會介意，因為你的回答仍具相關性且內容有意義。

你不想回答的問題

當被問到你不想回答的問題，無論原因是問題無助於討論、離題，或你希望談論更重要的事，以下是一些應對方式。

1. 簡短回答後轉移話題

- 情境：在會議中被問到接下來的行程。
- 回答：我要到A公司談推廣合作，不過在我們結束前，我想再簡短談一下……

這種方式既回答了問題，也巧妙地引導至你想分享的資訊。

2. 使用「脫逃語」避免直接回答

- 情境一：被問到你對某個敏感話題的看法。
- 回答：我不確定我是最適合談論這個話題的人。不過，我可以分享的是……

既避免了正面回答，也不至於顯得無禮，並且讓對話重回你的專業領域。

- 情境二：問題過於瑣碎或離題。
- 回答：這的確是其中一個面向，不過我認為另一個值得考慮的是……

不僅禮貌地轉移話題，還給出更具有價值的內容。

「脫逃語」是一種技巧，讓你轉移到你想談的主題，同時不失尊重。只要你的回答相關且有趣，對方通常不會介意你稍微偏離問題。如果是在多人的場合，其他聽眾還會感激你引導話題到更有意義的方向。不用害怕切換話題，即便記者有時也會發現自己的問題不夠深刻，而受訪者轉移到更重要的話題，反而提升了訪談的價值。我就曾問過很多傻問題，同時也向那些利用「脫逃語」閃避的受訪者學到如何應付。

脫逃語與爛問題

「脫逃語」與之前提到的「銜接性短句」有異曲同工之妙，都是用來引導談話方向。但「脫逃語」的不同之處在於，它幫你從「不想待的地方」連結到「你想去的地方」。

在觀察各種場合後，我發現幾乎所有善於溝通的人——記者、政治人物、企業領袖、教育界人士、銷售專家——都很頻繁使用「脫逃語」。他們在回答問題時，既顧及提問者的感受，又迅速將焦點轉向更重要的主題。例如記者把瑣碎的回答轉移到新聞核心；政治人物把棘手問題轉移到政策成果；企業領袖把公司的小缺失轉移到整體的大願景或策略上。以下是我蒐集並且經常使用的脫逃語。

- 你說得沒錯，這很重要，不過同樣重要的是……
- 我認為這是一個很重要的課題，另一個相關的課題是……
- 對於這一點，我同意你的說法，不過如果我們換一個角度……
- 這件事牽涉到的因素眾多，這是其中之一，另外也應該考慮……

- 你提出的這一點很好，我另外也要強調……
- 我完全同意，我另外要提的一件事是……
- 你說的沒錯，而這只是其中一項議題……

回答你不知道答案的問題

當你被問到一個無法回答的問題，這確實是一個挑戰，但也提供了一個展現成熟和專業的機會。我會用下列幾種方法來應對。

誠實以對，坦白承認

第一個方法就是直接承認自己不知道答案。坦白要比造成難堪的掩飾有利多了，這一直是我最偏愛的選項。你可以用以下短句來緩和氣氛。

- 你知道嗎，我沒有答案——但我想知道，我會去查的。

- 這是一個有趣的問題，我也想知道答案，我會去查的。
- 我也想知道其中細節，待會議結束我會去查的，然後寄給你。
- 這也是我想知道的，我會將它放入待辦清單，不過我現在沒有答案。

從不知道答案的問題轉移到你知道的

下列脫逃語除了承認你不知道答案，更進一步引導至你能掌握的部分。

- 我現在沒有辦法回答你，但我能告訴你的是……
- 到目前為止，我們在這方面還沒有明確的數字，我們能夠確認的是……
- 我目前不知道答案，我知道的是……

稍微知道一點

如果你對問題只略知一二，可以用下列句型為自己爭取一些組織答案的時間。

這個問題很有趣，許多人都提過同樣的問題，顯然有許多人都很關心。現在，有關這部分的細節是……

假設你有兩項資訊分享（見粗體字），可以參照下方範例作答，然後做總結。

首先，我們知道有關這一方面的政策已經更新。它的更新受到許多關注。**在此一更動下，X將會改變。**我們還需觀察此一改變有何影響。

其次，據我們了解該政策的更動是**地方性質而非全國性的**。我們會密切注意國家當局的反應。

除此之外，這是到目前為止的發展，因此還有許多疑問存在。

粗體的字句是你所知道的唯二資訊，其他的都是用來支撐這兩項資訊，避免讓人覺得回答太單薄，以及表示我們也想知道更多。

為避免造成誤會，我必須說這樣的回答絕非完美。如果你所處的情境，承認所知有限會造成尷尬或損害，那麼就你所知的資訊多發揮一些會有幫助。不過在大部分的情況下，我都偏愛更為直接的回答。

我們在這一方面已經確定的只有兩件事：相關政策一定會改變，而且是地方性的。除此之外，有許多人都還在尋找答案，包括我在內。

對新進記者，我經常給予他們如下的忠告：遇到難答的問題，盡你所能作答，然後就閉嘴。簡短但無用的答案，總比冗長且無用的答案好得多。而且，你一旦閉嘴，下一個問題自然會接上，說不定這回是你拿手的。

手上有點內容勝過兩手空空，而懂得適時轉移焦點，遠比在泥沼裡掙扎來得高明。

做好準備，建立信心

你在本書中收到的諸多建議，不必全盤採用，但有些技巧能幫助你在任何情境下保持高水準表現。更重要的是，我希望它們能給你信心，讓你在面對最不可預測的情況時，也能保持冷靜。

說到緊張感，我一點都不陌生。累積多年的主播經驗的確讓我放鬆了一些，但老實說，緊張感從未真正消失——至少對我而言沒有。不過，當你經歷過夠多場面，總能找到自己的應對之道。現階段最重要的，就是實踐你的七個步驟——準備與練習，從中找到自信。但在壓力下，我還有幾個提醒。

一、相信別人期待你表現良好

沒有人希望這場溝通變成災難，對方想聽你說話，也期待你能言之有物。換句話說，請相信自己，因為聽眾也是這麼認為的。

二、專注於眼前的人，忽略其他雜音

說到底，真正重要的是溝通對象。環境當然要熟悉，但不必為此分心。每當有來賓上節目時感到緊張，我就會指著攝影機與燈光說：「別擔心這些，我們就像平常聊天一樣。」如果他們能當成是在跟我閒聊，通常會自在許多。

我在唐寧街報導時也是這樣提醒自己。身邊有主播、記者、製作人、攝影師，背後是那扇著名的黑色大門，四周站滿警察，甚至能感受到全國的目光。但在這種高壓場面，最好的策略就是專注在熟悉的事物——那台距離我一公尺的攝影機。我對著它說話不下數千次了，而這不過是其中一次。換句話說，就是設法讓不尋常的情境變得日常。

三、做好準備，然後做自己

人在壓力下，往往想做得「比平時更好」，甚至改變自己平常的風格，但這通常適得其反。我見過許多人在這種情況下過度用力，結果反而不像自己，溝通效果也打了折扣。如果你已經做好準備，就安心做自己，迎接你預期的一切，還有那些會讓你驚喜的。

意外，才是常態

多年來，我接受過無數次電視與廣播的主播訓練，其中一項關鍵課題就是如何應對突發狀況。每位新進主播都希望避免在直播時出糗，主管們也希望節目能順利進行、不被腰斬。然而，任何了解直播生態的人都明白，問題不是會不會出錯，而是什麼時候出錯。

我最慘的三十分鐘發生在二〇一〇年南非世界盃，當時我在約翰尼斯堡一座屋頂上進行直播，結果耳機壞了。偏偏我們正要連線全球來賓，讓他們發言。幸好我的攝影師機靈，決定用手勢提醒我誰正在說話，誰已經結束。當來賓結束發言，我看到攝影師的手勢就會說「謝謝你」，並轉移到下一位來賓。但事實是，我完全聽不見任何內容，更別說對來賓進行提問。我記不得節目後來如何收場，只記得當下的驚慌與無助——感覺全世界都在等著看我笑話，而我只能硬著頭皮撐下去。但這就是直播。

隨著經驗累積，我發現許多突發狀況其實沒那麼可怕，重點在於心理預期。如果你遇到意外時，心裡想的是：「天啊！怎麼會這樣？」那你多半會慌亂。如果你轉個念頭：「好吧，這不在計畫內，但我們來看看怎麼辦？」你會冷靜得多，應對得更好。

在多年的職業生涯裡，我遇過導播在耳機裡突然告訴我：「設法填補三分鐘的空白，沒有其他選擇。」也碰過技術故障連環爆的時候，當年還是菜鳥的我總是緊張得要命，現在則是從容許多，因為意外本來就是常態。這種心態不只適用於電視直播，任何場合都一樣。

到了這個階段，你已掌握自己要溝通的內容，就算準備不夠完美，你也依然能上場。這是一種強大的感覺——當你走過這段艱辛的準備與練習階段，緊張與自我懷疑將不再困擾你，當你不再懼怕意外，世界就無法輕易動搖你。

請你自問

- 你是否擔心任何一個你需要討論的主題？
- 你是否有檢查你預期可能出現的問題清單？
- 你對你所做的準備有信心嗎？

Chapter

5

簡捷的表達

清楚表達七步驟幾乎涵蓋了所有溝通類型，然而，並不是每次溝通都需要完整執行這七個步驟——我自己也不會這樣做。

在日常生活中，許多書面與口頭互動都是短暫且即興的，幾乎沒有時間做充分準備。甚至即使有時間，也往往只能在數分鐘內完成。在這種情況下，我們仰賴的是已經內化的良好習慣——即使在這些短暫時刻，我仍會堅持幾個原則，讓自己表達得更清晰、更有條理。

快速的口頭溝通

在進行任何非社交性的對話前，我都會花點時間思考三件事：我要傳達什麼？我要說什麼？我想知道什麼？這適用於各種快速會話，例如工作討論、打電話給銀行、與朋友商量事情等。

這樣做並不費時，而且能大幅提高溝通的效率。更重要的是，它幫你省下的時間，往往比事前準備所花的時間還多。我會快速回答這三個問題：

1. 我要傳達什麼？

這不需要是冗長的清單，但所有關鍵點都應涵蓋。

2. 我要說什麼？

在清單下方記錄重點，哪怕只是幾個詞。這可能包括要強調的重點或必須傳達的關鍵資訊。沒人想在對話結束後才懊惱：「我應該提到那件事。」

3. 我想知道什麼？

列出所有你想問的問題。

這個簡捷的準備過程，能讓你的對話更流暢、更有效率，也避免日後的「早知道」。我通常會隨手拿張紙記下來，或直接存進手機。即使臨時通知要開會或通電話，我也會利用短短幾分鐘快速整理思緒。

我從不介意別人看到我做筆記，甚至在對話進行中，我也會隨時查看，確保沒遺漏重要事項。如果還有未解決的事情，我會直接說：「在結束前，我還有一個問題……」如果情況不允許做筆記，你可以使用簡單的組塊技巧（參考第四章背誦章節）來記住重點。

請你自問

一、你要討論什麼主題？

二、你要說什麼內容？

三、你要問什麼問題？

簡短的書面溝通

我們每天收到的訊息數量激增，電子郵件、簡訊、網站內容、社交媒體貼文、電子報等無所不在。以往，我們可以合理期待對方閱讀、標記已讀並回應，但如今，這樣的期待已經不切實際。

這並不是批評，而是資訊過量下的必然結果。如果我們想讓自己的文字溝通更有效，就必須接受這個環境並適應它。

如果一封電子郵件或訊息一開始就清晰完整，可以省去大量來回溝通的時間與精力。例如：學校舉辦校外教學，若家長能在第一封信件中獲得所有關鍵資訊，就不會有大量後續詢問。一封結構良好、訊息清楚的電子郵件，比數十封斷斷續續的溝通更有效、更節省時間。我的妻子莎拉是一位法官，她尤其注重溝通的清晰與否，她將其稱為「初始投資」：如果一開始就溝通清楚，回報就會隨之而來。

哈佛甘迺迪政府學院（Harvard Kennedy School of Government）教授泰德．羅傑斯是行為科學與溝通專家，他的研究顯示：簡短的書面溝通，若設計得當，能帶來更高的參與率、更快的決策、更有效的行動。

基於我的經驗與羅傑斯教授的研究，我總結出以下五項原則：

1. **精簡：**刪去冗長、沒必要的內容，確保訊息能在數秒內理解。
2. **明確：**確保讀者立即知道這則訊息的重點與行動。
3. **結構清晰：**用標題、標點或段落符號，讓讀者一眼就能找到關鍵資訊。
4. **讀者導向：**站在對方角度思考，提供最相關、最實用的訊息。
5. **行動導向：**清楚告知對方下一步該怎麼做，減少來回確認的時間。

當我們的訊息能夠突破資訊過載的噪音，就能讓溝通變得更快、更順暢、更有效。我們都遇過這樣的情境：「這封信到底想表達什麼？」「我還要花時間找我要的資訊嗎？」「這場會議用一封電子郵件就能解決了。」

如果我們願意在一開始投入心力，就能減少後續的混亂、時間浪費與誤解。這是一項超值的「初始投資」，而回報是更好的工作效率與個人聲譽。

撰寫電郵的假設

有效的簡短書面溝通並不容易，除非我們了解收件人閱讀電子郵件的行為。在正式信件、工作溝通或跨單位聯繫時，我們不能假設對方一定會完整閱讀我們的訊息。在寫電子郵件時，我始終抱持以下五個假設。

一、收信人可能根本就不會看。
二、收信人可能不會全部看完。
三、收信人只是草草看過，不會細讀。
四、收信人處理電郵的方法完全是以實用為目的。
五、如果收信人不認為這是專門發給他的，讀信機率會大幅降低。

假設一：可能根本就不會看

這不是針對某個人，也不是質疑你的重要性。事實是，無論我們多麼勤於回覆訊息，總有無法應付所有郵件的時候。在這些時候，每封信都得競爭我們的注意力。我們雖不會刻意挑選忽略某封郵件，但在掃視收件匣時，這個選擇會自然而然發生。

因此，寫電子郵件時，第一要務就是爭取收件人的注意力。我們的內容必須說服對方：「這封信值得打開、值得一讀。」對此，我們不能有絲毫自以為是。

為了爭取注意力，我會做兩件事情。一件是寫下郵件主旨，清楚表明這是專門發給對方的信件，這件事情與他們有直接關係。二是用第一個句子來清楚解釋這封電子郵件的用意。這個動作尤其重要，因為有些電郵程式只會顯示一、兩句話。我在撰寫新聞稿時也是採用這樣的原則。

這樣的做法總是會讓我想到「突襲式採訪」（doorstepping）。這是記者在政治人物離開某個地點時，抓緊空檔進行的採訪。這樣的場景有些像是跑新聞與打橄欖球的綜合體，你必須爭取到一個好位置，開場白還要恰到好處，既能夠引起對方注意也讓他願意回應。我認為電子郵件也是這樣，第一句話就要清楚表明用意。我會省略「最近好嗎」或「希望你最近沒有太忙」等客套寒暄，直接切入重點。

嗨，喬，我有四個問題希望你能幫我。

嗨，喬，這是下週行程與相關資料。

嗨，喬，這是你要的下週會議資料——有一個問題要請你回答。

我在本書一開始曾引用潔西卡·雷斯基—芬克與羅傑斯教授在二〇二〇年合寫的一篇文章。羅傑斯教授曾告訴我一個美國軍方術語——ＢＬＵＦ（Bottom Line Up Front，先講重點）。這概念簡單明瞭：如果讀者無法立即理解郵件重點，他們更可能放棄閱讀，轉向其他更吸引他們的訊息。從那時起，我便謹記ＢＬＵＦ原則，並深感受用

這裡有一個但書。就雙方都預期直來直往的工作關係而言，這個方法相當有用，但如果你和對方不熟，過於直白可能讓人感到無禮。因此，適度的禮貌仍然重要。例如：「希望您不介意我冒昧來信……」「很高興稍早與您會面……」「請問您能否幫我個忙……」這些開場

白雖稍微延後了主題，但能讓對話更自然，也能提高對方回覆的可能性。

電子郵件不是閒聊，它首重效率。如果我們能夠在第一時間讓對方明白這封信的目的，那麼他們不僅更可能閱讀，也更願意回覆。

假設二：可能不會全部讀完

我自己打開的電郵也不見得會仔細讀完，若要提高對方讀完信的機率，電郵應該能短則短。

這點似乎不言自明，我們每天都會收到冗長到讓人卻步的電郵。坦白說，有時候光是看到那種篇幅，就決定先跳過了。

羅傑斯教授曾做過一個實驗：刪減電郵字數，甚至隨機刪減，結果發現回信機率反而上升。在某次實驗中，他甚至把電郵字數砍掉三分之二，結果回應率飆升了八〇%。這是一個簡單卻強大的定律：字少，回應高。如果覺得精簡訊息很痛苦，就想想這個數據——一切都值得了。

假設三：草草看過

我們常常草草瀏覽電子郵件，目的是迅速找到所需資訊。為了幫助對方達成這個目標，我們不如讓郵件本身更便於快速瀏覽。以下是幾個方法。

◀段落要簡短

太長的文字往往讓讀者一看就關閉視窗，大多數電子郵件的目的在於資訊交換，而非情感交流或娛樂，簡潔和實用才是王道。簡短的段落能讓資訊更容易吸收，空白的間隔也有助於流暢閱讀。

舉例來說，羅傑斯教授在二〇二一年演講中提到，他曾向家長發送簡訊。第一版實驗將感謝語與問卷放在同一條訊息中，簡訊的第一部分是「感謝參與」，第二部分是請家長填寫一份問卷。而另一版實驗則將兩者分開發送。結果，分開發送的回覆率高出一五％。這顯示，將關鍵資訊分開呈現，能大大提高讀者的回應。我也蠻好奇如果把「感謝文字」放在簡訊的第二部分，回應率是否依然會提高。雖然禮貌性的寒暄有其必要，但若放在最後或許更能提升回覆機率。

◀善用格式

除了段落簡短外，你也可利用標題與粗體字來告訴對方每個段落的內容。以下舉例說明：

嗨，普里，為你更新三件事的進度。

一、下週會議的相關事宜

週二下午四時三十分於第三室召開。我會在週一發出議程，你不需要任何準備。

二、上週產品發表會的新數據

將在明天送達。我需要一天來整理，然後轉發給你與山姆，數據並不是十分亮眼。

三、徵求何時詢問山姆的建議

我要問山姆有關暫緩削減預算的事情，我應在下週會議中提出，還是在會議之前？

使用格式要謹慎，過度使用粗體字或顏色繽紛的字體會適得其反，反而讓郵件的效果大打折扣。這樣做還可能帶來其他風險。

羅傑斯教授曾告訴我：「不要以為強調總是有利於訊息傳達，它反而可能讓其他訊息失去焦點。」我從未想過強調會有這樣的負面效應，但這確實是事實。過度強調某些內容，反而會讓讀者覺得其他部分不重要。

◀不必每次都寫下完整句子

日常文字溝通常常充滿大量句子，而許多字其實不在讀者的關注範圍內。他們真正感興趣的是資訊。與人交談時，我們通常不會強調每一個重點，那會顯得過於誇張，但在文字中，我們可以簡潔明瞭地傳遞實用資訊。例如：

下週的比賽
出發時間：下午三時
出發地點：堅金斯路的公車站
比賽開始：下午四時
比賽結束：大約下午五時三十分
比賽地點：勞埃德路的勞埃德板球俱樂部（Lloyd's Cricket Club）
參加費用：五鎊，現金
裝備：有裝備可供需要時借用

你也可以使用問答方式來寫電子郵件，這樣可以快速讓對方得到他們想要的資訊。

何時會有這些改變？

我們還不知道。可能是九月，但日期在下週才能確定。

花費是多少？

我們的預算是五十萬鎊。

如果我要參與，要詢問誰？

請與莎拉聯絡。

你會公開宣布此事嗎？

會的，週一有記者會。

假設四：實用性質的資訊交換

「這場會議用一封電子郵件就可解決」，這句話反映出開會和電子郵件的共同目的是交換資訊。這不僅是傳遞資訊給他人，還包括從他人那裡獲取資訊。然而，我需要的資訊來源通常都很忙。許多我經常接觸的ＢＢＣ主管總是從一個會議匆匆趕往另一個，很少有空檔。

我需要他們的決策或回應，又不希望浪費時間開會。在這種情況下，我只能盡量清晰地表明我所需的資訊，並讓他們容易提供幫助。正如羅傑斯教授所說：「提供行動所需的全部資訊。」例如：

嗨，蘇珊，我有三個簡短的問題。我若是知道答案，就可以如我們之前所討論的，把這項計畫推進到下一個階段。

一、上一季營收符合預期，你能同意我直接確認預算數字，而不用給你再看一遍嗎？

二、週四下午二時與萊恩開會，你會想來嗎？我們只要討論預算而已。

三、此事能夠公開了嗎？公關部、行銷部與業務部給我的訊息不太一致。

這樣的電子郵件往往自對方得到的各項回答也非常簡短（有時只有一個字）。如此明確的答覆讓我可以繼續手邊的工作，而我也只占用他們最少的時間。

假設五：群組訊息與群發電郵會降低你收到回覆的機會

如前所述，你愈能讓對方覺得「這封信是專門寫給你」，回應的機率就愈高。

以我如何分配解說影片為例。我首先盡量避免群發郵件。雖然ＢＢＣ的各個平台可以選擇是否使用我們的影片，但他們並無義務接受，因此每當有新影片，我都會個別寄信，並根據對方的需求提供專屬說明。如此一來，他們收到的資訊既相關又能感受到我的用心。雖然分別寄出十封郵件比群發一封費時，但換來的合作意願大幅提升，絕對值得。

當收到回覆後，我會記錄索取下一部影片的名單。儘管後續可能會使用群組信發送影片，但我們仍會持續提供協助，確保對方能獲得最相關的資訊。

以下是一封群發郵件的範例，告知收件人一場他們全都會參加的研討會。

嗨，各位好。以下是有關研討會的細節，包括針對你的角色說明。

地點：大禮堂

時間：下午一到二時
觀眾入場時間：下午十二時三十分
觀眾人數：一百五十人
觀眾身分：大學生與同仁

如果你是演講人……
入場時間：中午十二時
你的講稿：請在前一天的中午十二時以前送達
聯絡人：賽蒙——已列為本電郵副本收件者

如果你是技術組……
入場時間：上午十一時
通行證：請帶通行證，否則無法進入
聯絡人：珍——已列為本電郵副本收件者

以此類推。這表示即使你寄的是群組信，收件者依然感覺信是專門寫給自己的。

這種方式類似於劇場、電視節目或會議籌辦時使用的「通告單」，但我認為它的應用範圍遠不止於此。無論是在組織活動、製作節目，還是日常工作中，這種方法都能大幅提升溝通效率。

資訊篩選得愈好，提供的解答愈完整，讀者就愈可能閱讀並理解。同時，這也能減少因未回答到某些疑問而產生的額外往來，讓溝通更順暢。

無論我們喜不喜歡，這已是現代溝通的主流方式，我們必須學會善用它。掌握這些技巧，不僅能節省時間、提高回應率，也能增加被理解的機會，更讓對方對你留下好印象——因為你的清楚溝通，幫助他們節省了寶貴的時間。

沒有人像你一樣關心你的電郵

與羅傑斯教授的一席話曾讓我大受震撼。他的研究竟與我二十年來的思考不謀而合。臨別時，他留給我兩句話，對於簡短的文字溝通，特別是電子郵件，堪稱至理名言。

第一句就如標題所言：「沒有人像你一樣關心你的電郵。」這句話一針見血，適用於任何形式的溝通。就像我在製作影片時，假設沒有人想看一樣；寫電郵時，假設沒有人會讀也是個實用的前提。這樣一來，你就會努力確保它不會真的被忽略。

第二句是羅傑斯教授用來形容冗長的電子郵件——他稱之為「不仁慈的負擔」。這句話我也深感認同，我一直認為長篇電郵是無效溝通，發信人輸得徹底，但對收件人來說也是一種負擔，浪費了他們寶貴的時間。如今，每當收到冗長電郵，我就會想起這個詞：「不仁慈的負擔。」

只要資訊清楚，簡潔就代表了效率。電郵的首要目標是資訊交換，但如果初步溝通不到位，無數行動與結果都可能受影響。在我的職業生涯中，這一點屢試不爽。我們每天寫出的每封郵件，都決定了機會之門是向你開啟，還是關閉。

請你自問

一、第一句話是否就表明了你的訊息主旨？
二、你的訊息有盡可能簡短嗎？
三、你有善用格式嗎？
四、你的訊息易於回覆嗎？
五、你回答了對方的疑問嗎？

結語

清楚表達的藝術

幾個月前，紐約市立大學克雷格紐馬克新聞研究所（Craig Newmark Graduate School of Journalism）的傑夫．賈維斯（Jeff Jarvis）教授在推特上寫道：「ＢＢＣ羅斯．阿特金斯精通解說的藝術。」這句話讓我受寵若驚，但更讓我在意的是「精通」這個詞。

這正是我想傳達的訊息——清楚表達是一種需要不斷磨練的技能，會隨環境與需求變化。我每天都在實踐本書提到的方法，久而久之，這些技巧成了我的直覺反應。但直覺並非憑空產生，我仍仰賴清單與步驟來確保溝通的精準度。解說確實是一門藝術，但要精通它，必須練習。

該如何練習？這完全取決於你。就像買了一本食譜，你不會第一週就試遍所有菜色。同樣地，你可以從日常溝通中的一個面向開始，例如撰寫電子郵件、開會發言，甚至是與客戶會談。如果是更正式的場合，如說明會、面試或簡報，那就試試「清楚表達七步驟」。每次練習，熟練度與有效性都會提升。

清楚表達令人興奮，部分來自於在混亂中理清資訊的成就感，部分則是因為當你準確表達自己時，會產生一種深刻的滿足感。但偶爾也會感到震驚，因為你可能發現，自己的表達方式正是阻礙目標達成的原因。一旦意識到這點，就很難忽視。

我們的生活由資訊塑造，而資訊的品質取決於我們如何表達自己。清晰的溝通能改善人際關係、節省時間、減少誤解，讓我們在複雜環境中自信表達。即使沒有完美的答案，至少我們知道自己已盡力而為。好的溝通能開啟機會之門，這對我來說已足夠。

寫這本書時，我與同事艾倫・雷托聊起我們對清楚表達的執著。他說：「這就像清洗窗戶。窗戶髒了，還是能看到外面，但如果擦乾淨，視野會更清晰。」

「我一定會引用這句話，」我笑著回應。

我果然做到了。這正是本書的核心——清楚表達就像擦亮窗戶。即使從未特別留意，生活仍會繼續，但當我們開始關注，就會發現更多可能性。「清洗窗戶」意謂著看清世界，也讓世界看清你。一旦開始踏上這條路，就再也回不去了。

注釋

1 www.bostonglobe.com/2020/12/19/opinion/write-shortermessages/

2 www.journalism.co.uk/news/new-york-university-andpropublica-launch-explanatory-journalism-initiative/s2/a541810/

3 Kueng, Lucy, *Hearts and Minds: Harnessing Leadership, Culture, and Talent to Really Go Digital* (Reuters Institute for the Study of Journalism/University of Oxford, 2020)

4 https://www.theguardian.com/world/2022/sep/22/newzealand-hopes-to-banish-jargon-with-plain-language-law

5 Tweedie, Steven, 'Steve Jobs Dropped the First iPod Prototype into an Aquarium to Prove a Point', *Business Insider*, 18 November 2014

6 Brown, David W., 'In Praise of Bad Steve', *The Atlantic*, 6 October 2011

7 www.forbes.com/sites/pragyaagarwaleurope/2018/08/15/why-brand-stories-matter-

and-simple-steps-to-create-aunique-brand-story/
8 www.thoughtco.com/common-redundancies-inenglish-1692776
9 Syed, Matthew, *Bounce: The Myth of Talent and the Power of Practice* (HarperCollins, 2010) 9781472298447_

致謝

當你閱讀本書，你會發現我徵求了許多人的意見。我深知不論我有多少人需要感謝，我都還是虧欠其他許多人的幫助。沒有他們，就不會有這本書的誕生與撰寫致謝文的機會。

在我求學期間，我的英文老師約翰・史考特（John Scott）與歷史老師珍・雷寶（Jane Rainbow）（那時候我們稱她為湯瑪斯小姐）為我灌輸了如何吸收、整理與傳遞資訊的想法。我在大學也是如此，深受歷史教授基斯・賴特森（Keith Wrightson）的啟發。

後來，我進入ＢＢＣ，多位編輯惠我良多，他們是麗絲・柯賓（Liz Corbin）、麗絲・吉朋斯（Liz Gibbons）、潔絲・布拉姆（Jess Brammar）、多米尼克・鮑爾（Dominic Ball）與芬洛・尼爾森・羅勒（Finlo Nelson Rohrer）。我也要感謝製作人麥可・寇克斯（Michael Cox）、瑪麗・傅勒（Mary Fuller）、安德魯・布萊森（Andrew Bryson）、哈麗葉・雷德利（Harriet Ridley）、布洛妮・索登（Briony Sowden）、柯特妮・本布里奇（Courtney Bembridge）、班・托比亞斯（Ben Tobias）、伊萊莎・克萊斯登（Eliza Craston）、凱瑟琳・

卡瑞利（Catherine Karelli）、埃琳・鄧肯（Ellyn Duncan）、湯姆・布萊達（Tom Brada）、傑克・基爾布萊德（Jack Kilbride）、蕾貝卡・貝利（Rebecca Bailey），他們和我齊心努力思考如何能夠將新聞解說得更好，若是沒有他們，我一定會誤入歧途。我也要感謝三位與我最親近的同事：賽蒙・皮克斯（Simon Peeks）、菲奧娜・奎克（Fiona Crack）以及努亞拉・麥高文（Nuala McGovern）。每當我在醞釀新計畫，他們就會接到電話，而我總是因此獲益良多。我也要對我的朋友薇薇安・席勒（Vivian Schiller）與我的經紀人米蘭達・查德維克（Miranda Chadwick）致上深深的謝意。

至於本書，感謝倫敦商學院的安妮塔・拉坦（Aneeta Rattan）博士與哈佛甘迺迪學院的希瑞・齊拉奇（Siri Chilazi），他們早在我想到要寫作之前，就建議我寫作了。我也要感謝我的朋友維多莉亞・摩爾（Victoria Moore），當我決定撰寫本書時，她是我致電尋求意見的人。我要感謝格蘭塔出版社（Granta）的蘿拉・巴伯（Laura Barber）給予我的意見。在我著書的每一步過程中，都有人熱心幫忙，我銘感五內。

我也要感謝野火出版公司（Wildfire）傑出的出版團隊，尤其是出版總監艾利克斯・克拉克（Alex Clarke）與我充滿耐心的編輯琳西・戴維斯（Lindsay Davies）。我對他們完全信任。我還要感謝我的作家經紀人，詹克洛暨內斯比特公司（Janklow & Nesbit）的威爾・弗朗西斯（Will Francis），他以專業引導我從頭到尾走過這場全新的體驗。

我一定要提起我的好友與我在ＢＢＣ的前同事喬納森・耶魯沙米（Jonathan Yerushalmy），他為我的初稿提供了諸多建議。家母與家姊伊斯梅（Ismay）為我後來的文稿也提供了許多意見，她們與家父還有我的另一位姊姊珍（Jen）都對我支持有加。他們的幫助使得本書更上層樓，更重要的是能夠完稿付梓。

最後，我要感謝受到本書影響最大的三個人。一邊著書一邊又有全職工作，無可避免地會影響到家庭生活。我的兩個女兒愛麗絲（Alice）與艾絲特（Esther）已數不清我曾說了多少次：「我很樂意參與，但是我得寫這本書。」我現在已經能享受只說出「我很樂意參與」而沒有後半句「但是」的感覺了。

還有我的妻子莎拉（Sara），當我無法承受壓力時，是她一肩扛起，當我需要時，她提出建議、鼓勵與意見——同時，我要說，她還貢獻了許多關於清楚表達的高明想法。簡單說，沒有莎拉的幫助，我根本無法完成這本書。我希望，如果本書能夠清楚表達任何事情，那無疑是我對她的感激之情。

作者與譯者簡介

作者簡介——

羅斯．阿特金斯 Ros Atkins

BBC新聞主播與分析編輯。過去二十年來，他一直主持並報導全球重大新聞事件。他也是備受好評的《羅斯．阿特金斯談……》YouTube頻道創作者，該系列已成為一種現象，累積了數百萬次觀看。他以清晰、簡明且易於理解的方式解說複雜事件的能力，使他被譽為國家的「首席解說專家」。

譯者簡介

王曉伯

曾任職財經媒體國際新聞中心編譯與主任多年。著有《華爾街浩劫》、《葛林史班：全世界最有權力的央行總裁》（合著）。譯作包括《慷慨的感染力》、《一切都會好轉的》、《ＡＩ製造商沒說的祕密》、《菁英體制的陷阱》、《光天化日搶錢》、《有溫度的品牌行銷》、《我們為什麼要上街頭？》。

big 449

愈忙愈要會表達：讓自己受重用、點子被採用的解說藝術

作　者—羅斯．阿特金斯 Ros Atkins
譯　者—王曉伯
副總編輯—陳家仁
協力編輯—聞若婷
企　劃—洪晟庭
封面設計—日央設計
內頁排版—李宜芝

總 編 輯—胡金倫
董 事 長—趙政岷
出 版 者—時報文化出版企業股份有限公司
108019 台北市和平西路三段 240 號 4 樓
發行專線—(02)2306-6842
讀者服務專線—0800-231-705．(02)2304-7103
讀者服務傳真—(02)2304-6858
郵撥—19344724 時報文化出版公司
信箱—10899 臺北華江橋郵局第 99 信箱

時報悅讀網—http://www.readingtimes.com.tw
法律顧問—理律法律事務所 陳長文律師、李念祖律師
印刷—勁達印刷有限公司
初版一刷—二〇二五年三月二十八日
初版四刷—二〇二五年八月一日
定價—新台幣四五〇元
（缺頁或破損的書，請寄回更換）

時報文化出版公司成立於一九七五年，
並於一九九九年股票上櫃公開發行，於二〇〇八年脫離中時集團非屬旺中，
以「尊重智慧與創意的文化事業」為信念。

愈忙愈要會表達：讓自己受重用、點子被採用的解說藝術 / 羅斯 . 阿特金斯 (Ros Atkins) 著 ; 王曉伯譯 . -- 初版 . -- 臺北市 : 時報文化出版企業股份有限公司 , 2025.03
320 面 ; 14.8×21 公分 . -- (big ; 449)
譯自 : The art of explanation
ISBN 978-626-419-230-9(平裝)

1.CST: 溝通技巧 2.CST: 說話藝術 3.CST: 口才

177.1　　　　114000723

ISBN 978-626-419-230-9
Printed in Taiwan